生活书店 始于 1932

寻访『日本老八路』

董炳月 著

生活·讀書·新知 三联书店 生活書店 出版有限公司

图书在版编目（CIP）数据

寻访"日本老八路"/董炳月著. — 北京：生活书店出版有限公司，2015.12
ISBN 978-7-80768-121-2

Ⅰ.①寻… Ⅱ.①董… Ⅲ.①八路军—抗日战争—史料
Ⅳ.①E297.3 ②K265.106

中国版本图书馆 CIP 数据核字 (2015) 第 248931 号

图书策划　郑　勇
责任编辑　郝建良
装帧设计　罗　洪
责任印制　常宁强
出版发行　生活書店出版有限公司
（北京市东城区美术馆东街 22 号）
邮　　编　100010
经　　销　新华书店
印　　刷　北京市松源印刷有限公司
版　　次　2015 年 12 月北京第 1 版
2015 年 12 月北京第 1 次印刷
开　　本　880 毫米 ×1230 毫米　1/32　印张 7.75
字　　数　120 千字　图 50 幅
印　　数　00,001-10,000 册
定　　价　32.00 元
（印装查询：010-64002717；　邮购查询：010-84010542）

目　录

题记

引子：东京秧歌………1

一　二森范子：与龙之子共生………7

二　“八路夫妻”：相原协与相原庆子………19

三　中村义光的三个名字………38

四　温泉乡不眠夜………65

五　幅敬信：孤独的“日本兵”………82

六　“满洲新娘”的崎岖人生路………105

七　在天山庄看中国地图………126

八　柳邦男：永远的“中国情结”………142

九　沟胁千年的革命生死恋………164

十　成冈睦美：从大蒲柴河到敦化………184

尾声：“国籍”暧昧的人们………208

后记：未讲完的故事………216

历史像苍老多皱的皮肤，皱纹里隐藏着许多异样的人生。

——题记

引子：东京秧歌

读万卷书，行万里路，看各种人。——我怀着这样的目的在日本留学、旅行、结识不同类型的人物，终于在2002年春夏之交走进了“日本老八路”这个特殊群体。

本来，由于年龄、生活环境、专业等方面的原因，在我的意识中，日本人当了兵自然就成了“日本鬼子”。但是，1994年2月到东京留学之后不久，这种意识发生了改变。当年11月，东京女子大学在枫叶灿烂的初冬季节举办一年一度的校园节，学汉语的日本学生用汉语演出中国现代剧作家田汉的剧本《咸鱼主义》。那个剧本创作于1936年年底，是宣传抗日的。我应该校中文教师下出教授之邀前往观看，在排练场见到了一位六十多岁的女老师，姓德永。这位老师虽为日本人，但汉语远比一般中国人标准、流利，而且音色优美，足以做播音员。是她在具体指导学生们排练、演出。日本朋友告诉我，德永老师中国话说得好，是因为她年轻时曾在中国东北参加八路军，在八路军医院当护士。从那以后，我明确意识到中国共产党的军队中也有日本人，并开始关心类似的问题。1998 年年初，留日归国的方军撰写的《我认识的鬼子兵》一书在社会上引起反响，我便想到那些日籍解放军官兵，不知道他们晚景如何。比起方军笔下的日本老鬼子，他们更应当被中国人了解、记住。

2002 年年初，在北京过完春节返回东京，我有了大概三个月的自由活动时间，于是便决定寻访当年参加过中国人民解放军的日本人，了却数年来的一桩夙愿。把旅游和历史探访结合起来，做一点书斋之外的工作，也不失为一种休息。恰巧，2 月 24 日下午，一个民间组织在东京繁华区新宿举办“东方文化节”，我因此有了一个结识更多日籍解放军官兵的机会。

集会前，主办者高山女士告诉我，参加者主要是从中国归来的日本“残留孤儿”和积极从事中日友好活动的日本人，其中有日籍解放军官兵的组织“回想四野会”的成员，所以我欣然前往。文化节的程序进行到一半，各方代表致辞之后，众人开始“恳亲”、交流，高山女士便将一位参加过解放军的日本老妈妈介绍给我。老妈妈名叫相原庆子，从她的名片上，我知道她现在的身份是相原医院理事。

相原庆子看上去只有六十多岁，这个年纪的人如何在半个多世纪前参加解放军？问起来，才知道她 1946 年十九岁的时候在东北参加解放军，今年（2002）已经七十五岁了。

她说：“头发染了，所以看不出年龄。”

她说她当年参加的是第四野战军，林彪的部队，在野战医院手术队当护士。因为是用日语交流，“林彪”二字的读音变成日语，我一时未能反应过来，便问：“谁的部队？”

这次她用汉语回答说：“lin-biao。”

不得了！眼前这位日本老太太居然知道林彪！我问她是否见过林彪，她说见过。问她对林彪的印象，她的评价不错：“很温和的一个人，非常亲切！”

她是昭和十七年（1942）从日本去中国东北，昭和二十一年（1946）年参加解放军，昭和二十八年（1953）回国，当了七年解放军，七年间走遍了大半个中国。

提起当年的从军经历，她很自豪，说：“能够参加八路军，真是太好了。现在家里开着医院，有几亿日元的财产。但是，如果问我是要钱还是要那七年的经历，我会说我要当八路军的经历，我不要钱！”

她还告诉我她的丈夫当年也参加了八路军，在八路军部队当军医。

相原庆子说她参加的是“八路军”，我后来认识的参加过解放军的日本人也无一例外地以“八路军”自称。八年前在东京女子大学，友人介绍德永老师的时候也是说她参加过“八路军”。算起来，这些人参军入伍的1947年前后“八路军”的番号已经停用，他们参加的是中国人民解放军或者东北民主联军。那么，他们何以自称“八路军”？我想，这是因为，对于他们来说，“八路军”是共产党军队的代名词，这个名词中包含着他们对共产党军队的历史记忆与政治认同。实际上，“八路军”这个名称倒是十分符合共产党军队的历史与本质。1937 年 8 月诞生的国民革命军第八路军是由共产党领导的西北红军主力改编的，成为华北地区的抗战主力军，抗战结束后到原伪满地区接收的共产党部队东北野战军（即后来的第四野战军）的主体也是原八路军一一五师。相原庆子见过的林彪，就是在抗战初期痛击日军板垣师团、取得平型关大捷的八路军一一五师师长。

“恳亲”之后有跳舞、弹琴之类简单的文艺表演，在那样热闹的环境中无法细谈，我便对相原庆子说另约时间登门拜访，并请她给我介绍到会的其他“日本八路”。她把坐在不远处的一位身材矮小、打扮时髦的老太太指给我，说：“那丫头，是和我一起参加八路军，还把我们的事情写成书了呢。”

“那丫头”这称呼说明了她们之间的亲密关系。演出的间隙，相原庆子招手把“那丫头”喊过来。我与“那丫头”交换了名片，知道她名叫二森范子。二森说她写的书名为《与龙之子共生》，1995 年抗日战争胜利五十周年的时候就出版了。相原和二森都是“回想四野会”的成员。

文艺表演结束，文化节进入最后一个项目——扭秧歌。桌椅被移在一边，许多人在腰间系上大红绸，手里拿起了红色大折扇。播音器开始播放秧歌伴奏带，刚劲的锣鼓声响起来，嘹亮的唢呐声响起来，人们围成一圈扭起了东北大秧歌，欢快又热烈。

“你们也扭吗？”我问。

“我们也扭！”相原和二森说着，接过别人递过来的大红绸系在腰间，加入到扭秧歌的队列中去，有板有眼地扭了起来。

我在北京的时候，偶尔看到街头有人扭秧歌，不喜欢，甚至有点烦。每周星期二早晨从海淀区的花园村去建国门的中国社会科学院上班，乘114路电车在木樨地换车的时候，常常看到木樨地立交桥下一群老头儿、老太太敲锣打鼓扭秧歌。正是早晨上班的时候，路上车流滚滚，行人步履匆匆，他们却在那里敲锣打鼓扭秧歌，似乎是成心展示自己的清闲、与大伙儿闹别扭。但是，2002年2月24日那天下午，秧歌在我的心目中突然有了新的意义。窗外春光明媚，不远处就是新宿的摩天楼群，而一群国籍暧昧的人在那个大厅里扭秧歌，锣鼓喧天，红绸飞舞……

秧歌扭完，文化节结束，众人开始收拾大厅。高山女士问我收获如何，我说“抓住了两个女八路，但‘会长’去向不明”。她说会长家住山梨县，路远，正要离去，并把正在从大厅往外走的会长指给我。在大厅的入口处，我追上了正在弯着腰换鞋的会长，与他交换了名片。从他的白发、他的沉默、他肃然的表情、他锐利的目光，我感觉到了一种老军人的气息——那与相原庆子和二森范子的亲切平易完全不同。

会长名叫中村义光，身份是日中和平友好会本部会长、山梨县会长，名片背面还印着四个头衔，分别是：中国人民解放军回想四野会会长；山梨县·四川省友好县民会议理事；中国解放纪念章颁发全国审查员；中国归国者自立指导员。

寻访“日本老八路”的行动，就这样开始了……

一　二森范子：与龙之子共生

“东方文化节”的次日，为了搜集日籍解放军官兵的相关资料，我去了高山女士的旅行社。高山女士能够认识许多从中国归来的日本老人，主要是因为她经营旅游业。那些日本老人经常参加她的旅游团到中国去旧地重游。他们年事已高，行动不便，而高山的照顾很周到。高山的父亲是中国人，母亲是当年日本战败后滞留东北的日本人。用她自己的话说就是：“中国是我爸，日本是我妈。”她是日本人所谓“残留妇人”子女，80 年代初从中国回到日本，特殊的身份使她更容易获得那些日本老人的信任。举办“东方文化节”，既可以促进中日两国人的交流，又能够扩大客源，一举两得。2002 年的文化节已经是第四届。她把前一年文化节的录像带播放给我看，于是二森范子出现在电视屏幕上。在去年的文化节上，二森范子和日本小有名气的节目主持人西映二一起当主持，所以镜头经常对准她。可能是因为认真化了妆的缘故，去年的二森看上去比今年年轻得多，秧歌也扭的更正规一些。

提及《与龙之子共生》，高山说公司里就有一本，并拿来给我看。该书是一家名叫“こうち書房”的小出版社出版的，上面有二森范子的签名。书的销路似乎不太好，现在好像还没卖完，高山说二森曾托她的旅行社代售。我说我要买一本，她马上给二森打了电话，二森说“家里还有，那一本送给他”，于是那本书就成了我的。二森老太太不知道，她的声音通过电话传过来的时候，她的形象也在电视屏幕上的秧歌队伍中时隐时现。

在随后的几天中，我通读了《与龙之子共生》，于是，另一个二森范子浮现出来。

1929年，即“九一八”事变发生的前两年，二森范子出生在日本山形县的一户农民家中。那时她还姓“高桥”，“二森”是她三十岁时结婚之后的姓。她的家乡位于日本本岛东北部，是贫困的山区，兄妹七人加上父母、祖父母，十一口人生活在一座二层木楼中。木楼楼上住人，楼下用作马厩、仓库、水房等。关于童年时代的生活，二森写道：

> 在楼下是马厩的屋顶下，雨天晴天总是弥漫着一股马棚的气味。上了小学之后，家人常常让我到河里给马洗澡。我并不是不喜欢给马洗澡，但洗农具会让我感到更快乐。平日帮着干农活，打水，捡柴，那是一个儿童不会闲着的时代。能够把马牵出去玩是愉快的时光。夏天，把河里凉丝丝的水泼到马身上，马非常快乐，温顺

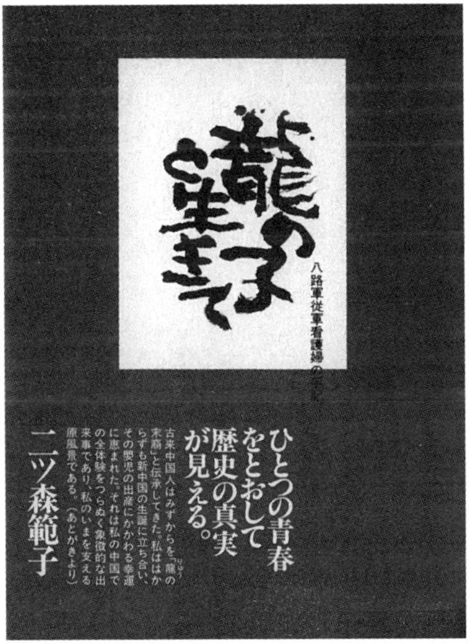

日文版《与龙之子共生》的封面

的眼睛也好像快乐得眯缝起来。回到马圈，用掺了少量食盐或豆瓣酱的水饮马，马会吱吱喝得很甜。有时候用掺着豆渣、豆饼的干草喂马，有时候把马牵出去吃青草，有时候我还出去割马草。有一天，我骑在光光的马背上正玩得起劲儿，不小心摔下来，左手小指脱了臼，疼得坐在地上哭了很久。那是在乡下，这种小事情没有告诉父母，也没有去看医生，小手指变了形，直到现在都是歪的。

童年时代的二森范子，应当是一个健康活泼、有些顽皮的农村少女。

在日本开始全面侵华战争的黑暗时代，这位日本乡村少女在“国民学校”接受教育，读中学的时候就和同学一起进山，割草砍树，参与设置防备美军燃烧弹的“防火线”。随着日军战况的恶化，日本本土山区学校里的高年级学生也开始了战备训练。二森写道：

从小学五、六年级到高等科，我一直当女生班的班长。班长的任务之一是放学时检查教室的门窗是否锁好，因此总是最后离开学校……关上门窗回家的时候，我常常看见男生端着木枪、女生手持木剑训练。那时年龄还小，感觉不到战局即将结束的气氛，但是，听到天色渐渐变暗的校园里回响着尖利的“杀”“杀”声，我感到不安，又感到恐怖。那种感觉现在还留在记忆中。

1944年，为了免于被战时强制征用，老师推荐二森范子进入日本红十字会的护士训练班。不巧，那个训练班是为“满蒙开拓义勇军”附属医院招生的，于是，这位日本的农村小姑娘在1944年春天十六岁的时候从山形县到了东京，然后从东京到下关，从下关乘船渡过朝鲜海峡到釜山，再乘火车往北纵贯朝鲜半岛，跨过鸭绿江进入中国，到达哈尔滨，开始了长达九年的异国生活。在哈尔滨，她完成了护士课程的学习之后到医院服务，经历了苏军进攻、“八一五”日本战败，遭遇了苏联军队进驻哈尔滨。苏军进驻哈尔滨给她留下了这样的记忆——

那天，我白天工作很累，夜里几乎睡死过去。同宿舍的哪一位一声尖叫，我被惊醒了。宿舍的窗户亮得异常，但并不是路灯那种稳定、平和的光，而是比烟花更亮的强光，在哈尔滨的夜空中晃动着坠落下去。

“那是什么？”

我们从窗口探出身子眺望。远方，飞机的轰鸣声撕破夜空传过来。如果是日军的飞机，好像不应当发出那种奇怪的声音。突然，夜幕笼罩的大地被红光染透，几声沉闷的爆炸声传了过来。

“苏联？”

“真的？如果是苏联，空袭警报该响！”

一会儿，与日军飞机不同的轰鸣声、红光的闪烁、爆炸声连续不断。接着，四处响起警报器尖利的长鸣。躺着的人都跳起来，脱下睡衣换上制服，急忙跑到西病房下面的仓库里。

这就是我目睹的苏军进驻哈尔滨的瞬间。

苏军撤退、共产党领导的东北民主联军进驻东北之后，社会局势才安定下来。1946年7月解放战争全面爆发，解放军方面发来“请协助我们的医疗工作”的邀请，一辆卡车开到她工作的哈尔滨南冈日本难民诊疗所门前，她和高森庆子等五位日本女护士上了车，从此成为解放军的一员。

冒着国民党军队飞机的轰炸，战斗部队打到哪里，她们就跟到哪里。有过连续做手术、抢救伤病员的紧张，有过彻夜行军、边走边睡觉的辛苦，有过在夜晚焚烧、掩埋尸体、残肢时的恐怖，但经历了军队教育、诉苦大会、思想学习和现实生活的磨炼，这位日籍女护士对中国人产生了深厚的感情，因此她将中国人称为“龙之子”。

《与龙之子共生》中“龙之子的诞生”一节，记述的是新中国成立之后她从天津随野战医院南下、在行军途中帮助地方农妇接生的事情。

新中国诞生了。全院的人们一边庆祝，一边开始了紧张的出发准备工作。虽然建国宣言已经发表，但与逃到险峻的山岳地带的国民党残余部队的战斗还在继续，我们也要随军南下了。

到达天津之前一直是徒步行军，但从天津开始就不同了，我们开始乘火车。医疗物资也多到了用货物列车运输的程度。可是，列车的时刻表混乱如故，再加上分化成小股武装的国民党匪军不时发动袭击，所以行军的困难程度和从前相比完全没有改变。没有客车，我们和行李一起用货运列车移动。不过，一旦下了列车，在等到下一次列车到来之前，往往不得不步行十天左右。担架队也一起行动，那是行李负担很重的行军。由于国民党残余部队时而出没，我们的部队总是在夜里两三点出发。疲惫不堪，一边走一边睡觉的情形和过去相比没有任何改变。有时候会被提醒“喂，那不是路，走田里去了”，自己还是一边答应着一边睡。事后别人开玩笑说起来，自己竟然完全不记得。到老百姓家里宿营，按照规定要为老百姓做三件以上的好事。

从天津开始，每到一个小镇我们都要停留几天，开展医疗活动，一站一站向计划停留半年的济南移动。山东省省会济南被称作泉城，是一座拥有多处泉水的美丽城市。城市北侧，培育了中国文明的黄河宽阔、雄壮、奔腾不息，远远超出了“河”的意象。河床上裸露的黄土被河水冲成几道，宛如黄色的龙。

1949 年 4 月，二森范子随军南下到天津的时候，住在陈家。她险些成为陈家的儿媳妇。前右为二森范子，后右为陈家的女儿陈淑惠一天，一位少年从邻村的农民家里跑到我们这里，说是他的母亲要生小孩了。我们的医疗站没有外科、内科的区分，无论是受伤还是生病都必须诊治。那也是野战医疗的特殊环境决定的。以男性构成的军队为服务对象的医院，与少见的产科、妇科离得更远。但是，人民军队的医院不能随便地拒绝从三四公里之外的邻村跑来的少年的要求。不凑巧的是，那时候医生们忙得头晕眼花。当时的外科医生除了年轻的张德祥大夫还有另外两位医师，再加上本来学习眼科的菊池先生，一共只有四个人。绝对的人手不足，因此我也不得不兼任手术助手，做双份工作。

“你去！”菊池先生对我下了命令。

就是说他们这里脱不开身，让我作为医生去接生。但关于接生我只有一点书本知识，从来没有实践过。

“没问题，按照在学校学的做就行。”张大夫说。

他说得十分轻松，我也不再犹豫。也许比预想的顺利吧，我一边鼓励自己一边跟着少年出了门……

事情比年轻的二森范子预想的困难一些。婴儿生下来了，但产妇受了伤，少年又跑到医疗站求助，菊池先生骑马赶来，为产妇缝合伤口。二森范子抱着刚刚出生的婴儿，感到了生命的喜悦。她写道：

婴儿大声地哭着，哭声让我心头发热……我用布把婴儿包起来，抱在怀中，手微微发抖。年轻的母亲看着健康的婴儿，眼里充满了泪水。用温水洗婴儿的时候，婴儿刚刚切断脐带的脐部脉搏在强劲地跳动。我的眼前是人类生命的神秘。有生以来，我似乎是第一次用自己的手接触到了生命的实体。而且，是那么的可爱！

产妇家的老太太高兴地拿出馒头来，不停地向二森道谢，二森把馒头给了那个跑了两个来回的男孩儿。

这次在南下行军途中为农民接生影响了二森范子的后半生。在“龙之子的诞生”一节的最后部分二森写道：

那是在新中国诞生之年出生的男孩儿。这男孩儿，不正是当年年满二十岁的我在中国的大地上生存过的最确凿的证据吗？如果健康地活着，那孩子已经四十五六岁了。我一直想寻找那孩子，但是连名字也不知道，一直也没有去找。

在《与龙之子共生》的“后记”中她又说：

在新中国诞生的1949年，我用自己的手捧着济南农家出生的婴儿。这件事烙在我的记忆中，让我终生难以忘怀，也成为我热爱儿童的原因……自古以来，中国人

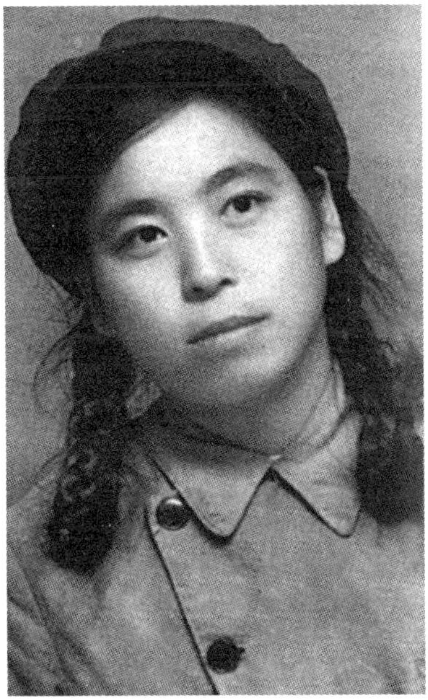

1952年11月二森范子在江西泰和

自称“龙的传人”，我也意外而又荣幸地与新中国的诞生相遇，目睹了那个婴儿的诞生。这成为贯穿我在中国的全部生活的象征性事件，是现在依然支撑着我的“原风景”。这本书的书名，就包含着这样的想法。

读到这里我想起了二森范子名片上的那个头衔：东京都认定保育设施·金丝雀保育园园长。年逾古稀的她依然在为儿童服务。

1953 年 4 月，二十四岁的二森范子回到日本。1959 年三十岁的时候与经营印刷厂的二森清结婚，经过十多年的努力，1973 年 4 月建起了新的公司楼。不幸的是，整整一年之后的 1974 年 4 月二森清即患癌症去世。葬礼在 4 月 5 日举行，那一天恰巧是二人结婚十六周年纪念日，也是公司新楼落成一周年纪念日。

读完《与龙之子共生》，回想起我所看到的二森范子，不由得有些感慨。没有想到那位身材矮小的日本老太太背负着那样沉重的历史。

二 “八路夫妻”：相原协与相原庆子

对于当年在东北参加第四野战军的日本人来说，《与龙之子共生》一书讲述的故事几乎具有“原型”的意义。因为他们都是在相同的背景下参加解放军，然后随军南下，把自己的生命融入中国人民解放战争的历史进程。相原庆子与二森范子在中国所走的路就很相似。她们从同一个护士培训班毕业，在同一个日本难民诊疗所工作，同时被解放军的卡车拉走成为从军护士。《与龙之子共生》一书，也常常写及相原庆子和她的丈夫相原协。

2 月下旬在“东方文化节”上和相原庆子见面之后，直到 4 月中旬，我才有时间去她家拜访。她家住在东京都足立区的青井，约定 4 月 14 日下午 3 点在她家附近的五反野车站会面，她领我去她家。我当时住在东京都江户川区的小松川，从小松川去五反野要转两次车。担心迟到，我出门较早，结果 2 点 45 分前后就到了五反野。出了车站正想参观一下附近的小街，相原庆子就到了。第一次在室外看到她，我注意到她虽然身材不高，而且有些胖，但动作异常敏捷。她拦了一辆出租车，说去相原医院，司机一声“哈依”，车就往前开去。

我说：“相原医院在这一带很有名吧。”

相原庆子说：“在这里开业快二十年了，一般人都知道。”

出租车从一家超市旁边开过的时候，相原庆子说：“我们搬来的时候，这里还是一片农田呢。”

拐过超市不远，相原医院就到了。街边一座精致的三层小楼，楼前有个小停车场，一个小花园。一楼是医院，二楼、三楼就是相原的家，家的入口在小花园里。

进了门，相原庆子就对楼上喊：“爸爸，客人到了！”

楼上没有反应，她说：“爸爸的耳朵有点背。”这里的“爸爸”意译应为“孩子他爸”，但在日语里确实是“爸爸”，和儿女对父亲的称呼完全一样。反之亦然，丈夫对妻子的称呼是“妈妈”。这个称谓中似乎包含着日本文化的某些秘密。一个月之后在京都，听到另一位八十多岁的日籍解放军老兵喊比他年轻十岁的妻子“妈妈”的时候，我记起了相原庆子对她丈夫的称呼。

上到二楼，相原协先生已经迎到走廊里。他身材瘦高，穿着西装，打着领带，发白的头发梳得很整齐，看上去慈祥、文弱。就是这位八十五岁的老医生，当年作为军医在中国军队服务了七年，从东北入关，走遍大半个中国，成了身边有通讯员的营级干部。七年，几乎赶上中国人民八年抗战的时间了。那天相原夫妇的谈兴很高，给我看了一些珍贵的照片。直到晚上 9 点过后，我才告辞回家。

这对年龄相差十岁、出生在天南地北的日本人，是在中国的土地上走到一起的。

相原协先生 1917 年出生在中国的东北，因为他的父亲在 1905 年日俄战争结束之后就来到东北，后来当了奉天（沈阳）市政府农政科的科长。相原先生读小学是在旅顺，中学是在沈阳，大学是在哈尔滨。父亲是兽医，他也学习医学，进了哈尔滨医科大学，一直读完博士课程拿到医学博士学位。十八九岁的时候为了治病，他才第一次踏上日本的国土，但大概一年之后又回到东北。1945 年 8 月 15 日日本战败之前，他已经是哈尔滨市立医院的一名医生。

日本宣布投降之前，年轻的相原先生和“满洲国”的其他日本人一样，首先经历了 8 月 9 日苏联红军进攻的冲击。当时，东北的社会秩序几近崩溃，苏军四处搜捕日本人，还抢东西。

“真是可怕！抱着机关枪进来，咚咚咚，大家都把自己的东西交出来。有的苏联兵，胳膊上套着十几块手表，”相原先生一边说着，一边指着自己的胳膊比画，“所幸我佩戴着红十字会的标记，抓我的时候，我就说自己是医生，所以没有被抓走。”

在苏军进攻的惊恐之中，他又经历了日本投降的打击。

曾经从有关文字资料和图片了解到昭和天皇宣布投降时日本国内那种世界末日的气氛，所以我问相原先生：“8 月 15

日日本投降的事，您当天就知道了吗？当时是什么感觉？”

他回答说：“当时我在市立医院。大家被召集在一起，说是有重要的广播。结果广播里的声音听不清。旁边的中国人告诉我们日本战败投降了，我才知道是怎么回事。当时突然觉得浑身无力，几乎倒下，”说到这里相原先生似乎有些惭愧，“受的是军国主义教育，没有办法。谁也不知道接着会发生什么事情，于是上了年纪的医生凑到一间屋里，年轻的医生凑到另一间屋里，各自商量办法。”

日本战败之后，“满洲国”的日本人开始大批返回日本本土，山里、偏远地区开拓团的日本人纷纷涌到城里来，当地的日本人成立了自治组织——日本人民会。相原先生和医护人员也忙于日本难民的治疗，日本难民留给他们的记忆是惨痛的。

相原庆子回忆说：“那么多的日本人，从山里跑出来，看上去像乞丐。有的人没有衣服穿，披着草席、麻袋，几乎是赤身裸体。有的女人正来月经，经血顺着腿往下流……许多孩子被扔在水井里，水井都要填满了。真可怜啊！战败了，关东军、731 部队逃跑了，把大家扔下自己先跑了。”

据他们说，苏军撤退、共产党军队进驻（当在 1946 年春天）之后，社会秩序才安定下来。

关于进驻东北的解放军留给这些日本人的第一印象，二森范子在《与龙之子共生》的“那就是八路军吗？”一节中专门写及。说是一位政委级别的解放军干部穿着便装来看病，和老百姓一起排队。挂号处的人看出他是军人，要给他先看，

相原协与相原庆子在家中。在中国的时候，他们一个是营级，一个是排级

他不同意，坚持排队。几天之后，又把洗得干干净净、叠得整整齐齐的绷带送回来。当时医疗物资奇缺，连绷带都是回收之后洗净再用。解放军的这种做法和他们熟悉的飞扬跋扈的日本军官的举动完全不同。相原庆子说二森的书中记述的其实是她看到的情形，那位解放军并不是军官，而是普通士兵。提出让他先就诊的是一位姓北川的护士长。

给相原庆子留下更深印象的，是解放军士兵在街上巡逻的情景：穿着浅黄色（日语原文叫菜叶色）的军服，鞋子是破的，走在街上虽然排成队，但随随便便、松松垮垮，枪口有的朝天，有的朝地。现在说起当年看到的情形，相原庆子还是那么愉快：“嗒啦嗒啦、嗒啦嗒啦（日语磨磨蹭蹭、随随便便之意），日本的军队不是这样吧。一举一动，都是像机器一样，整整齐齐。”

解放军在进驻东北、特别是内战爆发之后，开始大量征用当地的日本技术人员。就是在这种情况下，相原先生和相原庆子（当时她还姓高森）被从哈尔滨的医院征用到通河的松江军区卫生部通河野战医院二所。通河离哈尔滨有大约一百五十公里。当时，对于这些日本人来说，作为“满洲国”一等公民由于日本战败而被八路军征用、为伤病员服务，似乎并不是一件愉快的事。另一位参加八路军的日本女护士在晚年所写的回忆录中，就写及自己最初服侍八路军伤病员大小便时的屈辱感。特别是在当时滞留东北的一百多万日本难民一批一批返回日本的情况下，他们一定是很想回国的。

相原协先生当时就因为八路军方面没有守约而闹情绪。关于这件事《与龙之子共生》作了这样的记述：

> 相原先生参军时约定的服务期限是三个月，但三个月过去了仍不让他回哈尔滨。这算是怎么回事？他感到不满，于是便向担任医院干部的八路军政治委员提抗议，结果对方支支吾吾不给明确的回答。听说交涉之后相原先生获准回哈尔滨一趟，到日本人民会就有关事情询问，回答是“他们希望你们一直留在那里”。也许相原先生当时有一种被囚禁的感觉吧。相原先生从日本人民会回来的时候，考虑到参加八路军的日本人行动不自由，带回了许多换洗的衣服和贴身衣服，分给大家，重点照顾了那些穿着便装直接从开拓团参军的人。他这样做的时候没有向上级报告，有点自作主张，也许当时是引人侧目的。

我向相原先生问起这件事，相原先生笑了起来，说：“那时候啊，总是和政治委员打架。”“打架”这个词他是用汉语说的，很标准，可见印象之深刻。

相原庆子说，当时和相原先生一起与解放军政治委员“打架”的是另一位姓丸山的医生。丸山比相原先生小几岁，当时应当是二十五岁左右，血气方刚，又好喝酒，所以闹得厉害。相原庆子这样回忆：

> 记不清是在医院的北门还是西门，丸山先生喝醉了酒，在那里吵闹。农民拉草的大车从门前经过，丸山先生甚至爬到草车上，又吵又骂。患者们围着看，都生气了，一齐喊：枪毙！枪毙！枪毙丸山！有人还把枪拿来了。我在旁边看着，吓坏了。

我问：“没有真枪毙吧？”

相原庆子笑了起来：“没有。八路军，不会真枪毙人的。”

相原先生说丸山先生现在还活着，住在东京都东边千叶县的家中养病。

丸山先生没有被枪毙，但两位不安心为中国军队服务的日本医生被带到德惠办了学习班。那正是长春作战的时候，远方解放军正与国民党军队交战，这里解放军政治委员用汉语对两个日本医生进行共产主义思想教育。那是一道非常奇特的风景。

提起这件事，相原先生说：“双方都做了反省。学习之后，我懂了什么是共产主义。本来根本不懂，我一直是受帝国主义教育，现在反过来，真是不容易。一边学习，一边思想就发生了变化。”

《与龙之子共生》记述的一件事，说明通河时期相原先生的思想状况确实发生了很大改变。大概在长春作战结束之后，部队文化工作团前来野战医院演出，慰问伤病员，日籍医护人员不甘落后，也进行文艺表演。有一次与中国人进行演出比赛，相原先生自己编了个剧本。剧情是：地主欺凌佃户，生了病，来请医生治疗。医生给地主做手术，发现地主的肚子里长着一个大肉瘤，肉瘤上写着三个字——蒋介石。在剧中饰演医生的，就是相原先生本人。从这个“剧本”来看，相原先生已经完全站到了共产党和中国农民的立场上。在通河的时候，相原先生用自己的医学知识指导护士配药，解决了八路军医院药品不足的问题。

关于自己思想变化的过程，相原先生说给他影响最大的是在抗日战争中伤了一条腿的老八路孟云荣。1949 年 7 月南下途中他在江西的永丰和孟云荣相识，在往长沙、武汉等地移动的过程中，孟云荣和他一起工作、生活，对他进行思想帮助。由于当时国民党残兵时常出没，孟云荣给相原先生配了通讯员。1950 年 10 月他和庆子夫人结婚的时候，孟云荣为他们操办了盛大的婚礼。现在提起孟云荣，相原先生称他是“思想改造的恩人”。思想发生了根本性的变化，相原先生全身心地投入了工作。1951 年秋在长沙，他日夜操劳，险些“过劳死”。中国方面也没有忘记这位日本医生为新中国的诞生做出的贡献，1999 年中华人民共和国举行建国五十周年庆典的时候，相原先生作为日本贵宾登上了天安门东侧的观礼台。

相原庆子比相原先生年轻十岁。相原先生的故乡（严格说是他父亲的故乡）是日本东北的岩手县，他本人出生在中国的东北，而相原庆子的故乡是日本西南九州岛上的熊本县。她爷爷那一辈本来是半农半商的大地主，拥有大片山林、土地，还贩酒卖。但爷爷有点大大咧咧，买酒的赊账，他也不去收欠款。不收钱的酒大家都来“买”，家产很快被“卖”光。到了她父亲这一代就成了一文不名的贫苦农民，只能靠卖豆腐补贴家用。

“所以，我小时候干的活可比大人还多！牛也喂，马也喂，兔子也喂。田里的活要做，店里的事也要做。”相原庆子说。

“和二森范子小时候差不多吧？”我问。

“她家是好的，算中农，不是贫农，”相原庆子说，“三四年级的小学生，年纪还很小吧。一大早，外面还很黑，母亲和妹妹还睡着，我就爬起来。开电灯，电灯只有一个灯泡，连灯罩都没有。先转石磨磨豆浆，做豆腐用的，要磨够做三箱豆腐的。冬天也一样。磨完豆浆接着做饭、煮酱汤。吃了饭，再把自己和妹妹的饭盒装满，然后去学校。”

六十年前的事被她叙述出来，就像是昨天刚刚发生过的。

“我还是学校的领队呢，”相原庆子接着说，“每天早晨，村里的学生在哪个路口或者谁家的院子门前集合，我来清点人数。到齐之后，大家排成队去学校。要是有学生迟到，我还得跑着登门去喊。在学校里，上课敲钟，下课敲钟，老师也都是让我来敲……”

从这种叙述中，我发现相原庆子童年时代养成的勤奋与组织能力在她当解放军女护士时发挥了重要作用。身为日本人，但在解放军医院里当上护士长，级别到了排级，这并不是偶然的。

问她的生年，她说户口本上是昭和三年（1928），实际上是昭和二年（1927）。

“上面有八个兄妹，我生下来就生病，父母以为我活不下来，就把我放在一边。村里的医生说：‘这么小的婴儿，喂点儿药说不准能活过来。’喂了一点药，真的好了。”

要是没有乡村医生的那点药，许多故事后来就不会发生了。显然，父母是在确信她能够活下去之后，才去给她补了户口，所以她户口本上的年龄比实际年龄小一岁。

相原庆子叙述的故事发生在1938年前后的九州岛。那时候九州的乡村已经通电了，甚至已经推行正规的教育制度。可见明治时代之后的日本在现代化的道路上确实已经走得很远。

1942年相原庆子十五岁那年春天，刚刚参加高中升学考试，适逢姐姐从“满洲国”回九州。姐姐是哈尔滨郊外长岭子基督教开拓团的团长，也将她带往“满洲国”，送她进入青年义勇队哈尔滨中央医院“看护妇养成所”（护士训练班）学习。两年的学习期限结束之后留在医院工作，1945年8月日本战败，9月开始她在南冈诊疗所工作。就是在那里，她目睹了大量日本难民的惨象。第二年（1946）7月，八路军方面征用护士，卡车开到诊疗所门前。本来说只请她们帮三天的忙，所以她们连换洗的衣服也只准备了三天的。当时相原庆子因淋巴腺生病每日发烧，正在放射线科接受治疗，同事要代替

当年的老军医相原先生八十五岁了依然很健谈

她去，她觉得三天没有问题，硬挺着和二森范子等人一起上了卡车。卡车出了市区开到松花江边的码头，她们下了卡车上了船，船顺流而下到达通河，她们进入松江军区卫生部通河野战医院当了护士。

“结果不是三天，也不是三个星期、三个月，一去就是七八年啊！哈哈哈——”相原庆子笑了起来。

解放战争初期，解放军处于劣势，作战负伤的官兵很多，所以野战医院的工作非常繁忙。1947 年野战医院转移到呼兰的时候，前线战斗激烈，从火线上运回来的伤员很多，病房容不下，只好分散到老百姓家中。因为伤病员情况不好，护士、医生需要一家一家巡视，往往工作到深夜两三点钟。

相原庆子说：“村子里没有路灯，一片漆黑，来来回回都是拿着一个小手电筒。”

某一天夜里她出门巡诊，走得实在太累了，便坐下来休息，一坐下去就睡着了。二所所长张纯良医生出来巡诊，发现路当中有个奇怪的黑影，用手电筒一照，原来是一位睡着的护士！

相原庆子见到林彪，就是在呼兰的时候。当时医院的医护人员和伤病员一起组织演艺会，几位日本人唱起《走向大海……》，一位名叫兴子的年轻日本女护士跳起舞来，不少日本人跟着鼓掌。这首源自《古今和歌集》的歌是一首鼓吹忠于天皇、为天皇而战的军国主义歌曲。当时林彪也在台下观看，就坐在离相原庆子不到两米远的地方。在这种情况下演唱这种军国主义歌曲非常不合适，但林彪并没有生气，只是笑笑而已。

相原庆子说：“我们不好，思想反动，但林彪没有生气。他的态度很让我佩服。为什么呢？他知道我们受的是军国主义教育，那样做是自然的。八路军不是强制我们，而是耐心地等待我们慢慢改变。这实在了不起，和日本军国主义教育完全不一样。日本军国主义的教育是强制的，无论说什么，我们都要不加分析地说‘哈依’。”

参军初期，相原先生和相原庆子同在通河的野战医院工作，但二人不是在同一个部门，相原庆子在本院的传染病房，而相原先生是在二所的内科，所以当时二人并不相识。相原庆子记得，转移到呼兰之后，相原先生曾经通过一位姓朱的中国大夫转给她一封信，但内容只不过是一般的问候而已。这记忆中相原先生写给她的第一封信，也被她参加五官科手术队上前线的时候烧掉了。黑山战役期间相原庆子随同手术队从黑山转往大虎山的时候，在一个偶然的场合她突然看到了相原先生，但从那以后就没有了消息。解放战争结束、新中国成立后的 1950 年，相原先生在位于武昌卓刀泉的高级工兵学校附属医院，相原庆子在东北齐齐哈尔附近的中国人民解放军陆军医院，一南一北，天各一方。

当时，相原先生已过而立之年，还是独身，但按照当时的有关规定日本人不能和中国人恋爱、结婚。日籍同事名古屋先生关心他的婚事，向他提起在通河共过事的女护士高森庆子，相原先生觉得“这个人倒是不错”，立即写了情书托人带过去。不知道经过多少人的手，情书居然送到了庆子手里。于是庆子高高兴兴去武昌结婚。

“我独自一个人，就从齐齐哈尔去了武昌！”现在说起这件事相原庆子似乎还很自豪。

她清楚地记得动身前一天晚上她一个人去电影院连看了两部电影，电影讲的是穷人翻身的革命故事。看完电影回到宿舍已经很晚，同伴们正在着急地帮助她收拾行装。当时交通状况很差，从齐齐哈尔到武昌，路上花了近十天时间。

“情书现在还保留着吗？”我问。

“没有。”相原先生笑了。

“写的什么还记得吗？”我又问。

“记不得了。”相原先生又笑了。

两个人的婚礼是在武昌举行的。抗日老战士孟云荣为这对身在异国的“日本同志”举办了盛大的婚礼。相原庆子还记得结婚时两个人的服装，说：“他穿的是干部服，我穿的是裙子。”从那时起，她的姓氏从“高森”变为“相原”。

婚姻不仅使两个人拥有了一个温暖的家庭，在某种意义上，还可以说婚姻挽救了相原先生的生命。相原庆子说，参加解放军七八年，她和上级干部吵过两次架。第一次是在齐齐哈尔陆军医院的时候，伤病员多而洗脸盆不够用，她要求司务长“想办法”，司务长回答说“没有办法”，她便质问司务长“为伤病员服务的精神哪里去了”。最后她想出的办法是让医院的工作人员把自己的洗脸盆拿出来给伤病员使用。第二次吵架，就是为了相原先生的病。

那是1952年秋天，他们的长子出生后不久，一家三口随工兵学校附属医院迁移到长沙。相原先生终日在医院操劳，患了肋膜炎，发烧不止，依然拼命工作，最后累倒在床上。浑身发紫，皮肤上起着水泡，直着眼睛，话也说不出来。当时长沙最好的医院是湘雅医院，相原庆子根据自己的判断，要求附属医院抓紧送相原先生到湘雅医院照X光，但附属医院的一位领导却拒绝派担架，说：“已经没法子了。今明两天都挺不过去了。”

原来，根据相原先生的病状，当时一起工作的所有中国人、日本人都认为相原先生必死无疑，只是没有对相原庆子明说。

但相原庆子认定自己的丈夫不会死，愤怒地质问领导：“对这样拼命为中国服务的人，为什么说‘没法子’？你不派人去，我自己雇农民抬去。但我要把这件事情向上级汇报！”

见相原庆子动了怒，那位领导急忙派了四个人用担架抬着相原先生去湘雅医院。

长沙的秋天依然很热，四个人用担架抬着生命垂危的相原先生在路上急走，相原庆子走在担架旁，一直为丈夫把脉。为了使丈夫免于在担架晃动中出现生命危险，她要求抬担架的人保持平稳。到了湘雅医院见排队看病的人太多，她又风风火火上了二楼与院方商量。最后相原先生得救了，还用上了空运去的特效药。他们说那种特效药是从国民党军队缴获来的战利品，当时非常珍贵。

二人在中国相识、结婚，日本国内双方的家人互相并不认识。1953年8月，他们从上海乘坐“白山丸”回国，在与朝鲜半岛隔海相望、濒临日本海的舞鹤港口上岸。相原先生的父亲从北方的岩手县赶往舞鹤迎接，相原庆子的姐夫堀井顺二（近代日本著名的和平主义者）从四国岛上的爱媛县赶往舞鹤迎接。鬼使神差一般，几次转车之后，相原先生的父亲与堀井顺二坐上了开往舞鹤的同一趟列车的同一排座席。双方无意之中交谈起来，才知道是去接同一家人。

提起这件事，相原庆子似乎依然无法平静：“命运！命运！和电影里的场面一样啊！”

回到日本，相原先生先是在福井县的一家医院工作，大概四年之后自己到东京开医院。

相原先生说：“在中国服务期间，没有时间看书学习，但是这七八年间日本医学的进步很大，所以回国以后我拼命学习，努力追赶。”

一边学习，一边开医院，当时的生活十分紧张。

相原庆子说：“那时候真是不容易！从早到晚，忙得连吃饭的时间都没有。休息日只有新年那天上午，一年工作三百六十四天半！我一个人要干两三个人的活儿。”

我知道她并没有夸张。自家开医院，丈夫是医生，她既是助手、护士，还要照顾丈夫和三个孩子的生活。所幸他们的努力得到了丰厚的回报。子女受他们的影响，也都以医学为职业，在日本社会找到了很好的位置。

现在，两位虽然年事已高，但医院依然开着。相原先生只是上午接待患者，下午休息。庆子夫人的生活似乎更丰富一些，作为一项业余生活，她还参加足立区的川柳会，学习川柳创作。她拿出一本足立区川柳会为创立二十周年于 2001 年 11 月印刷的《合同句集》（这里“合同”的意思是“共同”）给我看，其中收了她的二十首（其实是二十句）川柳。川柳是一种由十七个音节构成的讽刺性短诗，写作和阅读都需要一定的技巧，她一边读一边给我做解释。那些几经锤炼的诗句中，展现了她的晚年心境。其中有几首是歌颂和平的，美军驻日基地和朝鲜半岛的南北和谈都成为她的“诗材”。比如：“不要核保护伞，夏草在呻吟”，“脱去军装脱去军靴，夏日的云”。有两首是写她和相原先生关系的，直译当为：“越过多少山河，成为同志的夫妇”，“迎来金婚式，依然工作着”。还有一首是写相原先生在新中国成立五十周年大庆的时候登上天安门观礼台。其中一首以来医院就诊者的鞋子为题材的川柳，体现了这位老人对普通劳动者的深厚感情。由于文化背景、语音等方面的原因，将川柳翻译成中文比较困难，作为中国人要想读出川柳的韵味也不容易。那首写鞋子的川柳我第一遍没有读懂，庆子夫人解释说，患者来医院就诊，进门脱鞋子，她要把那些鞋子摆放整齐。从一双尺码比较大、已经变形的旧皮鞋，她就知道鞋子的主人是一位身体健康的、勤奋的劳动者。从鞋子受到的感动，使她写下了那首川柳。

日本是一个等级森严的社会，能够对普通劳动者怀有这种质朴感情的人可能已经不多。这种感情，也应看作中国人民解放军革命传统的一部分。

三　中村义光的三个名字

与相原夫妇见面之后，我想早日采访中村义光先生。中村先生担任“回想四野会”会长，了解的情况应当更多。与那些参加解放军的日籍医生、护士相比，这位原日本兵的经历也许更具传奇性。那天在相原家里，相原庆子说 5 月中旬“回想四野会”将在山梨县举行一年一度的集会，中村先生正在忙于会务方面的工作。我说我想去参加，她立即给中村先生打了电话。从她打电话时的称谓和大量使用的敬语，我发现中村先生很受人尊重。她称中村先生“せんせい”（汉字写作“先生”），而在日语中，“先生”一般是用于教师、医生、国会议员等社会地位较高的人。

打完电话她告诉我中村先生在中国的时候“差点被杀掉”。

我给中村先生写了封信，要求登门拜访，估计信已经寄到的时候，又打电话确认。电话里传来的声音很简练，甚至有些严肃，我想起了那天与他交换名片时他肃然的军人表情。他说 4 月底之前很忙，5 月初的时候哪天都可以，于是我约定 5 月 2 日下午一点半登门打扰。正要放下电话，他又对我说从东京坐长途汽车去甲府然后转电车去韭崎路费更便宜，并告诉我新宿长途汽车站的位置，要我到韭崎车站就打电话通知他。原来老人心很细，也很能体谅人。而且，他显然知道中日两国人收入差距大，在日本生活的中国人大都比较俭省。

中村先生的家在山梨县韭崎市的藤井町。5月2日上午，我从新宿乘长途汽车去甲府。往返票同时买，打折，只要两千九百日元，比电车便宜三分之一以上。甲府是山梨县首府，我是第一次去，但并无陌生感。因为有一位研究中国文学的日本朋友家住甲府，我十年前在国内的时候就往甲府写过信。川端康成的短篇名作《伊豆的舞女》中的流浪艺人们，也是从甲府走向遥远的伊豆半岛。到甲府换乘电车，往西北方向坐三站，就是韭崎。下了电车站在韭崎的站台上，我感觉到那里离东京确实已经很远。远方是莽莽苍苍的山峦，四周安安静静。车站南边的小山包上立着一座白色的观音塑像，车站站台上有塑像的说明文，塑像三十多米高，是日本关东地区的三大观音之一。看来这座观音是韭崎市的标志性景观。

出站口外有一个警察岗亭，我拿了中村先生的名片去询问藤井町的位置，值班的中年警察很热情。他中等身材，头发较长，有些谢顶，文质彬彬，看上去更像一位中学教师。他摊开本市地图，居然找到了中村义光的名字。看来中村先生是本地的名人，来找他并且到岗亭问路的人也太多，所以连地图上都标明了他家的住址。警察说步行过去要二十分钟以上，建议我乘公共汽车，并告诉我车站的位置和下一趟公交车到站的时间。地方城市（按中国的标准来看只能算是镇）市内公交车班次少，下次车三十分钟之后才能来，于是我决定徒步前往，顺道儿看看小城风景。结果走过了头，只好给中村先生打电话。往回走不远，就看到中村先生站在对面路边的树下向我招手。他的家是马路边的一座平房，房子的周围是许多树和大片农田。

可能与参加解放军之后管理财务、1953 年回国之后长期搞民政工作养成的职业习惯有关，中村先生认真保存着许多资料。三个多小时的采访时间里，他给我看了不少“革命文物”，其中有中国前国防部部长迟浩田印有国徽的大名片（尺寸比普通名片大一倍），有以林彪的名义签发的抗美援朝志愿军女护士的伤残证明，有中国战友写给他的信，信上称他“中村义光老战友”，还有许多照片和剪报。照片有去东京中国大使馆参加活动时照的，有访问中国时照的，照片上有前中国空军副司令曹里怀、解放军退休老干部尹海、前驻日大使陈健、前驻日武官刘建华少将、现驻日大使武大伟等领导层的人物。剪报多为日本报纸对他参与的活动的报道，还有大陆报纸关于他以及“回想四野会”的成员“回娘家”时活动的报道——他们把去中国访问称作“回娘家”。中村先生说那些材料已经编成一本书送到印刷厂，中旬集会的时候就能拿到。

“我的事情，全部、全部写在里面。”他把“全部”一词说了两遍，以示强调。

2002年初夏的夕阳下，中村义光站在山梨县藤井町自家门前

他还告诉我昭和五十九年（1984）他曾把自己的回忆文章编印成一本《藤井杂记》。

交谈一阵之后，可能是觉得我这个追着换名片、大老远登门拜访的陌生人尚可靠，他便把领取中国解放纪念章的日本人的名簿给我看，名簿上居然有一千五百三十五人。收起名簿，他又起身打开身后的柜子，拿出一个牛皮纸袋子。袋子装的是一件灰色的旧制服，制服左胸前缀着一片军功章、纪念章，那是他参加解放军的珍贵纪念。我请他穿上那件上衣站在房门前，拍了几张照片。

回到房间，他又起身进了另外一个房间。出来的时候手里拿着一本崭新的《藤井杂记》，说：“送给你！”

十八年前自己印的书，他手头可能已经很少，轻易不送人了。是否送给我他显然犹豫过。我表示感谢，请他签名盖章。

中村先生签名的时候说：“我还有个中国名字哪！叫钟纯。在八路军的时候，我是叫钟纯。”

所以，那本书上有中村先生的两个名字、两枚印章。显然，“钟纯”是“中村”的谐音。

《藤井杂记》中的《遥远的8月15日》《与八路军在一起》两篇文章写于1974年，可见中村先生本人早就有意识地书写自己的历史。他的记述完整、细致，因此不用再多问，采访渐渐变成了拉家常。

后来阅读那两册个人出版物之后，我知道中村先生在成

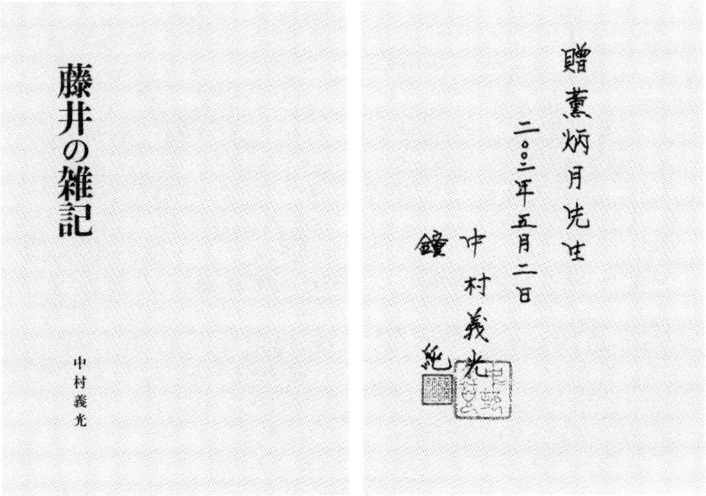

中村义光的著作的封面以及他给本书著者的签名，“董”字写成了日本人常用的“薰”

为“钟纯”之前还有过另外一个名字——高雄义。中村义光、高雄义、钟纯，这三个名字实际上代表了中村先生的三个人生阶段。

1944 年 3 月，二十一岁的中村义光和当时众多的日本青年一样，参军入伍，成了一名日本兵，隶属东部十七部队。一个月之后，他被送往伪满洲国，转属“满洲四四八部队”，当年 7 月，他成了关东军甲种部队的候补兵。1945 年 3 月，即入伍一年之后，他作为见习士官转入“满洲三七五二部队”。当时关东军的防御对象是苏联红军，在“平时多流汗、战时少流血”的思想指导下，他们天天进行严酷的训练。8 月 15 日日本投降之前，二十二岁的中村义光成了一名陆军少尉。

当时已近“二战”末期，日军在各主要战场连连失利。在这不到一年半的时间里，中村义光两次与死亡擦肩而过。

第一次是在 1944 年 7 月，当时关东军主力部队向南方战场大移动，但不少运兵船在到达目的地之前沉入海中。和中村同时入伍的许多同伴有的淹死，有的战死在海上。根据中村的个人状况，他本应随南行的部队行动，但他恰恰被留在了东北，因此活了下来。

第二次是 1945 年 5 月，当时美军已经攻占冲绳，并开始轰炸东京。为了准备“本土决战”，日军继续对“满洲国”关东军的大小军官进行调动，中村所在的连队有四名军官被调回日本本土。那些军官在到达下关之前，乘坐的运兵船遭到美军战机轰炸，全部死亡。而这一次，本应被选中的中村义光又留在了东北。

这样，中村义光在吉林迎来了“八一五”日本战败。

根据中村本人的记述，早在日本宣布投降之前一星期的8月9日前后，两三位在连队当差的本地中国人就说“日本要失败了”，并逃离了连队。连队里长期以来同甘共苦的朝鲜籍士兵也声称“不再服从日本军官的命令”，态度强硬起来。中村据此推断当时“满洲国”的中国人和朝鲜人当中存在着敏感的情报系统，唯有日本人被晾在了一边。这种推断有道理，因为8月9日不仅是长崎被炸、日本第二次遭到原子弹袭击的日子，而且是苏军参战、对关东军展开全面进攻的日子。

8月15日，日本天皇宣布投降，位于吉林省境内的中村义光所在部队的大部分官兵向苏军交出武器，后来被押往西伯利亚服苦役。但是，对于年轻的中村义光来说，向苏军投降是无法理解的。长期以来的艰苦训练是以苏军为敌手进行的，现在敌人来到了眼前，怎么可以不战而降呢？而且，和中村义光持类似想法的日本官兵有八十多名。但天皇已经宣布投降，他们不能擅自向苏军开战。

怎么办？

跑吧！

8月15日黄昏，八十多名日本兵告别主力部队，携带武器离开驻地，向朝鲜方向逃去。他们计划从旧满洲的东宁地区进入朝鲜，然后从朝鲜半岛返回日本。

然而，苏军的进驻比他们预想的快得多，前行途中的主要村落都有苏军的游动哨，当年备受日本人压迫的中国人、朝鲜人现在也都用冷漠的眼光看着他们。白天的行动受到很大限制，夜间行动又不敢生火做饭，只有忍耐。更为糟糕的是，在无法回避的情况下与苏军小股部队打了几场遭遇战之后，兵力和武器弹药损耗殆尽，活下来的人包括轻伤员，只有十几个了。这样，他们逃往朝鲜的幻想随之破灭。

几个领头的商量之后，十几个人便沿朝阳川、三道沟方向前往安图，因为他们估计安图应当有日本开拓团，到了那里会有办法。

为了安全，依然是尽量昼伏夜行，并且尽量在山里走。但山路难行，又不认得路，有时候跌跌爬爬地走一天，只能走二十几公里。有时候辛辛苦苦走了半天，不知不觉中又转回到出发地点。这样在山里转来转去，随身携带的干粮全部吃光。没有办法，只好吃野葡萄解渴，啃田里的生玉米棒子充饥。所幸夏秋之交的东北黑土地上，不缺玉米棒子。

逃亡二十多天之后，9 月中旬，十几个人终于到达安图。正如他们所料，安图有日本开拓团，那是来自日本富山县的新川开拓团。但开拓团同样面临着严峻的生活考验。边远地区的开拓团也没有逃脱战败国国民的命运。本来，在

1945年在日本入伍不久的中村义光

战争结束前，他们的收成大都被政府征收，日本战败之后，本地人又抢走了他们仅有的一点粮食，苏军到来，又将像样的家具悉数掠去。更惨的是 1941、1942 年前后在“满蒙开拓”政策的支配下作为“满洲新娘”嫁到那里的年轻日本妇女，那时候许多妇女刚刚生下一两个孩子，正是需要照顾的时候，但日本投降前丈夫被紧急征召入伍，她们独自拖着孩子成了战败国的国民。为了保护自己，她们把头发剃光装成男子，但知道内情的朝鲜人向苏军告了密，于是她们被苏军士兵奸污。几天后，应征的男人们三三两两逃了回来，开拓团原有的三个村落集中为一个，躲到山里最偏远的村落一起生活。粮食严重不足，他们只好到被当地农民夺回去的田里捡庄稼，几个男人还到地主家去打短工，挣口粮。

尽管如此，开拓团的人们还是接收了这十几个单独行动、饥肠辘辘的日本兵。两个月之后，冬季到来，天很冷，生活更加艰难。某一天，中村义光便和来自九州、日本陆军士官学校毕业的北川商量出路。中村认为，为了减轻开拓团的负担、使团员们的生活能够维持得长久一些，他们应当离开这里，投奔在六十里外大蒲柴河的山里当土匪的日本兵，这样可以安全过冬。

于是这十几个日本兵离开开拓团，前往大蒲柴河。

盘踞在大蒲柴河的日本散兵本来只有二十多人，以帮助周围村里的人干农活维持生计。后来，散居在周围山中的三三五五的日本兵眼看着冬季来临而自己缺吃少穿，听到消息便往大蒲柴河集中。中村一伙十几个日本兵去入伙之后，那里的日本散兵达到八十余人。领头儿的名叫高桥干雄，本是日军“满洲第五部队”直辖的特务，军衔为大尉。他和当地的土匪头子张永胜结伙，以“维持社会治安”的名义鱼肉乡里。张永胜的手下有土匪约六十名。这伙“中日合璧”的匪帮出动的时候，许多架六匹马拉的大爬犁鱼贯而行，爬犁上架着机关枪、掷弹筒，匪兵也坐在爬犁上，浩浩荡荡，威风凛凛。小股苏军部队都不是他们的对手，平民百姓更是闻风丧胆、四处奔逃。袭击村落的时候，训练有素的“高雄部队”负责压制村民武装的火力，张永胜手下的小喽啰们则负责抢粮抢衣抢酒肉、牵猪牵羊。吃喝不愁，他们的生活安定下来。

但日本兵们受不了的是，东北的冬天特有的严寒。日本战败、他们逃跑的时候是夏天，身上穿的衣服本来不多，到了冬天只能和当地人一样穿起大棉袄、往鞋里塞乌拉草御寒。缺少换洗的衣服，身上生了虱子。他们对付虱子的办法是，晚上睡觉之前把贴身衣服挂在房外冷冻。第二天早上把冻衣服一抖，雪地上就密密麻麻地落下一片冻死的黑虱子。

高桥干雄的名字有四个字，张永胜叫着不顺口，便自作主张去掉当中的两个字，改成中国名，叫“高雄”。下面的几个日本小头目也分别取其名字中的一个字，接在“高雄”

下面。这样，山口良次变成了高雄良，木俣公平变成了高雄平，北川正隆变成了高雄隆，而中村义光，则变成了高雄义。

大约在 1946 年 2 月上旬，高雄从来自大甸子的行脚商那里得到情报，知道离大甸子不远的西北岔住着七十多名日本兵。商量之后，决定派高雄义带领池北和宇田前往联络。

在寒冷的林海雪原中，高雄义、池北、宇田三人蹚着埋到膝盖的大雪前往西北岔。途中，他们顺道去新川开拓团看望日前接济过他们的开拓团员，在那里住了一夜。次日继续赶路，不知在雪中跌倒过多少回，终于到达西北岔，见到了那些日本兵的头目细川。

细川为前日军中尉，当时他手下的日本兵依然保有日本战败前的装备，轻、重机枪俱全，弹药充足。见到细川，高雄义说出自己的本名中村义光，动员细川的部队与“高雄部队”合并。

细川中尉见三位使者赤手空拳、破衣烂衫，便傲慢起来，冷着脸道：“我们已经和斐子文商定，负责这一带村落的警备。你们不要掺和我们的事情。”

细川说的斐子文，是西北岔的土匪头子。

高雄义见状，知道说服细川的可能性不大，便带着宇田和池北返回大蒲柴河。离开西北岔在雪中走了大约四公里，来到一个大约二十户人家的无名村落。一队全副武装的土匪将他们拦住，一句话也不说，就将他们按倒在雪地上从背后捆起来，扔进一间仓库。三个训练有素的日本兵赤手空拳、寡不敌众，连反抗一下都没来得及。

一会儿，他们从仓库里听到那队人马离去的脚步声。大约一个小时之后，三人正在茫然，远方传来了密集的枪声。步枪声中，还夹杂着重机枪、轻机枪的吼叫。他们不会想到，那是斐子文开始收拾以细川为首的七十多名日本兵！

原来，足智多谋的斐子文想要的并不是细川的队伍，而是日本兵的那些精良装备。他花言巧语邀请细川一起驻防，让他负责三个村落，使他的队伍化整为零、分散开来，然后伺机歼灭。这一天，他们得知有三个日本兵来联络，担心秘密泄漏到高雄部队，斐子文的手下便将这三个日本兵抓住，并立即下手处置细川部队。当时斐子文的手下有两百多人。

傍晚时分，喊叫声、说笑声传到了仓库里的三个日本兵的耳朵里。听声音，人数比下午他们被抓的时候多了许多。一会儿，仓库门被打开，一群兴高采烈的匪徒一拥而入，将他们牵到另一处房子里，用粗绳子高高地吊在房梁上，穿过房梁的绳子的另一端系在柱子上。然后，匪徒们将上着刺刀的步枪分别支在他们下方，刀尖朝上，又在柱子上的绳头处点上豆油灯。于是，豆油灯的火苗开始轻轻地舔那几个绳头。绳头被油灯舔完的时候，三个日本兵就会掉在刺刀尖上。安排好这些，匪徒们便拥到隔壁喝酒猜拳、庆祝胜利去了。

豆油灯的火苗在舔绳头，身下是寒光逼人的刀尖。三个悬在空中的日本兵看到死神狞笑着一步一步向他们走近。

隔壁猜拳行令、说笑的声音一浪高过一浪，奇怪的是，说笑声中间或传出日本女人的惊叫声与痛苦的呻吟。他们不知道，有两个日本女子被匪徒们从细川那里抓来，她们是日本兵的家属。匪徒们把她们捆在木桩上，撕下她们的衣服，在她们身上涂了香油，让两条狼狗在那里舔，然后在旁边喝酒看着取乐。

东北的冬天异常寒冷，刀尖上的日本兵们额头和脊背却开始冒汗了。求生的本能使他们开始挣扎，高高吊着的身体开始摆动。他们突然意识到，如果摆动的时候掉下去，也许不会掉在刀尖上！于是，他们开始摆动身体，荡秋千一样。

隔壁的说笑声、呻吟声继续传来。

突然，远处传来几声枪响。隔壁的说笑声戛然而止，随即是一阵嘈杂的脚步声，匪徒们喊叫着跑出去了。

吊池北的绳子最先被烧断，池北的身体擦着刺刀落在地上，刺刀只划破了他的一根小手指。他得救了，并将高雄义和宇田救下来。三个人进了隔壁房间，看到两个赤身裸体的日本女子被捆在木桩上，两条龇着白牙的狼狗还在舔她们，便赶走狼狗，将她们救起。

三人正在为那几声枪响而疑惑，更为密集的枪声在暗夜中传来。为了防止被流弹击中，五个人急忙俯身躲在墙脚。

从轻、重机枪的射击声和掷弹筒发射的声音，他们判断出是“高雄部队”打过来了！

果然，枪声停息之后，最先提着枪跑进来的正是高雄本人。原来，高雄义和池北、宇田三人一去不归，高雄手下的密探又得到了细川部队被斐子文全部歼灭的消息，便带兵前来营救。高雄义三人终于能够在地狱入口处返回。

返回大蒲柴河的途中，经过细川的一个排被全歼的村落，他们看到了尸体和血迹构成的地狱景象……

两位有幸获救的日本女子跟随“高雄部队”到了大蒲柴河。家人被杀自己又惨遭凌辱，两个人目光呆滞、不言不语，表情却沉静。当夜平安无事，第二天人们发现她们的时候，二人已经口鼻流血、脸色发青死在地上，旁边扔着两个小小的装有氰化钾的瓶子。日本战败的时候，“满洲国”的许多日本女性都随身带着装有氰化钾的瓶子，随时准备自杀。氰化钾是上级统一发放的。

1946年3月中旬，冰消雪融，春天开始造访南满洲。一天，前往敦化方面做兵队联络工作的原宪兵军曹高柳传回紧急消息，说是敦化一带苏军已经撤走，解放军（当时称东北民主联军）已经进驻，并且有可能在近期进驻大蒲柴河，高雄部队是与解放军决一死战，还是为了避免兵力损耗与解放军进行和平谈判，必须尽快做出抉择。

高雄与手下的几个小头目开会商量的结果，是派特使试

1949年5月随军南下到襄樊的中村义光

着与解放军干部谈判。于是，高柳军曹和盛准尉被推为特使，前往敦化解放军警备二旅第五团团部，与团长和政委交涉。最终达成三项协议：1. 高雄部队的武器弹药全部上交警备二旅；2. 愿意参加解放军的日本兵由解放军收编；3. 不想参加解放军的送往敦化地区的日本人民团。

八十余名日本兵中有二十多人愿意参加解放军，其中十多名掌握特殊技能的被留在第五团的战斗部队，其他人被编入警备二旅的后勤机关。队长高桥干雄发挥他特务时代学到的医疗技术，进了二旅的野战医院当军医，中村义光也和北川、山口几位小头目一起进了医院的事务室，结束了他的“高雄义时代”。

穿上土黄色的军装，左胸前十厘米见方的白布上写着“东北民主联军”几个字，白布周围镶着红边儿。这下子他们心里踏实了，从此不会再受苏军的攻击或当地朝鲜人的蔑视。雇用高雄部队的土匪头子张永胜也花言巧语说动解放军，得到信任，享受了解放军连长的待遇。但时隔不久，中村听说他过去的罪行败露，被枪毙了。

不幸的是，高桥干雄成了“张永胜第二”。

解放军进驻敦化之后开展了有效的政治宣传工作，众多的地方青年踊跃参军，参军者中有不少朝鲜人。据中村义光的记述，在进驻旧东满地区的解放军中，当时朝鲜人和中国人的比例达到一比二。就是说，几乎三人中就有一位朝鲜人。朝鲜人的发言权因此增大，一群了解“高雄部队”罪行的朝鲜人将有关情况向解放军政治部秘密报告。大概是在6月下旬，高桥干雄在当了大约两个月的解放军军医之后，在敦化郊外的旧日军飞机场接受公审，被当场枪毙。

中村义光和北川、山口是在医院的事务室里得到高桥被枪毙的消息。既然“高雄”因为旧恶败露被枪毙，那么“高雄义”“高雄良”“高雄平”们被枪毙的日子也就不远了。这样想着，他们心里发慌，脊背开始冒汗。

怎么办?

逃命吧!

7月上旬的一天晚上，中村义光和北川、山口三人悄悄地逃离敦化的解放军野战医院，前往敦化西北方向大约一百公里的蛟河。他们穿的是解放军军服，脚上是布鞋，走起来倒是轻便。干粮是知道内情的日本炊事员给他们准备的玉米面大饼子和一包盐。为了尽早远离敦化，他们绕过驻有解放军的村落，在草地里彻夜行走。

他们出逃的时候是晴天，东北的夏夜，天空繁星闪烁。

之所以要去蛟河，是因为那里处于解放军和国民党军队进行拉锯战的地带。在中村义光的记忆中，他们出逃的时候蛟河是在国民党军队的占领下。第一天夜里，他们跑了大概四十公里，天亮之后便钻进树林，就着盐吃了大饼子，然后睡觉。为了安全，三个人轮班放哨。第二天晚上，为了防止迷路，他们便沿着连接敦化与蛟河的铁路线走，间或在铁道边的树下休息，抽烟。点火的时候用两只手拢起来，拢住火

建国初期中村义光在湘西

柴的火苗，这样就不会被远处的人发现。三人都是烟鬼，烟是现卷的。白天睡觉的时候，他们摘了田里的烟叶晒在有阳光的地方，睡醒之后搓碎了备用。那自制的香烟真是太香了，在那之后的许多年间，中村义光都时常记得那天夜里自制香烟的香味。当夜又走了大约四十公里，来到了一个叫二道河的地方。二道河离蛟河大概只有二十公里了。天亮的时候他们找地方准备睡觉，这时候解放军前沿部队的游动哨发现了他们。

游动哨兵发现的是三个穿着解放军军装、汉语磕磕绊绊的日本人，不能不感到警觉。三人被带到团部接受调查，当天下午适逢部队向敦化方向撤退，晚上，他们就被押回了敦化的野战医院。这是在他们逃走大概四十八个小时之后。

他们被关进了医院的仓库，外面有人站岗，岗哨两小时换一次班。所幸，无论是在被押回的途中还是被关进仓库之后，他们都没有被捆绑，并有人按时给他们送饭。院领导对他们进行了询问，二旅卫生部长尹海也专门来调查此事，认真听取了他们的陈述。他们坦白说是因为高桥被枪毙之后感到害怕才逃跑的。

三天之后的晚上，全院召开军人大会，讨论如何处置三名逃兵。参加大会的除了六十多名中国人，还有三十多名日本人和十多名朝鲜人。政治指导员报告了事情经过之后征求大家的意见，会场上响起一片愤怒的声音：

“这是反革命行为！”

“这是对人民的侮辱！”

“枪毙！”

但是，在场的日本人大都沉默着……

是杀是留？就在大家准备举手表决的时候，卫生部长尹海带着警卫员出现了。他说：“我来说两句。”

尹海部长语重心长地说：“日本同志是身在外国，风土人情、生活习惯都不一样。在这样的环境里和我们一起生活、一起工作，是非常辛苦的。由于一些误解，给他们造成不安和不必要的担心，我们当领导的也有责任。与其责备他们，不如给他们一个反省的机会。更重要的是，要让他们为中国革命发挥自己的力量。大家觉得怎么样？”

尹海的出现使三位日籍士兵免于一死，惩罚只是当一个月的伙夫。其实，有高桥干雄的先例在，被关进仓库的时候他们就知道自己必死无疑了。多年之后，一位当时在敦化的八路军野战医院工作的日本人披露了一个人所不知的事实，他听到三个日本逃兵被抓回的消息之后去仓库周围看情形，听到仓库里传出悲怆的歌声：“走向大海，战死为尸……”

尹海，这位生于沈阳、1942年参加革命的知识分子，不仅救了三个日籍解放军战士的命，而且使在场的所有日本人了解了共产党政策的英明。他为解放军保留了一位忠诚的战士，同时保留了一位日后为中日友好和人类和平贡献毕生精力的“和平战士”。

1947 年 9 月，中村义光随尹海从敦化县的第二旅野战医院调到蛟河县的第十纵队二十九师卫生部当会计，卫生部的管理科长是一位名叫叶树萍的山东人，他给中村取名“钟纯”，并给他制了一枚印章。在那以后七年多的时间里，“钟纯”在四十七军负责财务工作，利用他在日本时学习的知识，在动荡不安的战争环境中，在不间断的行军中，把工作做得井井有条。部队把大量钱款全部交给他管理，派两位中国职员协助他工作，还给他配了手枪。

与我谈起佩枪的事，中村义光先生依然很自豪，说：“在我们部队，当时能带手枪的日本人只有我一个！”可惜手枪并没有派上多大用场，只是在湘西剿匪时期携带大量现款行军的时候对付过土匪。

1949 年中华人民共和国成立的时候，中村义光已经是连级干部，所在部队负责党政工作的李指导员动员他加入中国共产党。他考虑到父母都在日本，自己终究要回国，所以没有入。

1953 年中村回国之后得知，他的母亲在他走后用“忌茶”的方式为他祈祷平安，直到他回国，十年间只喝白开水，而不喝自己喜爱的茶。他真的应当回到父母的身边去，回到自己的国家去。

中村义光在尹海的领导下工作了七年多。1946 年夏，尹海患斑疹伤寒，生命垂危，一位名叫近藤清的日籍女护士全程精心护理，这位护士后来成了中村义光的妻子。中

中村义光和他的救命恩人尹海（右）在北京

村与近藤在中国迎来中华人民共和国的成立，结婚生子。1950年朝鲜战争爆发，中国出兵朝鲜、开始抗美援朝，尹海随前线部队去了朝鲜战场。中村因为国籍的原因1952年10月退伍，翌年5月上旬偕妻子和两个孩子从上海乘船回到日本，名字也由“钟纯”变回“中村义光”，从此与尹海失去了联系。

中村知道朝鲜战场上的战斗十分残酷，估计尹海已经为国捐躯。不过，他一直记着尹海的救命之恩，记着与尹海的友情。1981年6月，中村义光意外地获悉尹海没有牺牲，而是健康地活着，并且在北京的中国医学研究院担任领导工作。他十分高兴，两个月后专程到北京与尹海见面。8月11日，在分别三十一年之后，两个人相会于北京。两双手握在一起，两个人都泪流满面……

快到5点了，我想中村先生经过我三个多小时的打扰已经累了，便起身告辞。

中村先生说：“好吧。我送你到车站。”

我问：“您也走到车站？”1923年出生的中村先生已经七十九岁，那么远的路徒步往返可不是闹着玩儿的。

中村先生说：“不，开车去。”

我有些惊讶：“您开车？”

中村先生回答得很肯定：“开车。要不那天怎么让你到车站给我打电话？”原来那天他让我到韭崎打电话是要开车去接我。

我说：“没想到您还开车。都这把年纪了！在中国，过了六十岁好像就不能拿驾驶执照了。”

这样说的时候我忘记了日本老人的不服老习性。果然，中村先生有些不高兴了：“休得无礼（失礼なことを言うな）！年龄大了能不能开车，也要看那个人自身的条件！”边说边出了门，穿着拖鞋。家中无人，门也不锁。

我问他：“不锁门没有关系吗？”

他说：“没关系。家里一无所有，谁爱进谁进。”

门前路边有个简易车棚，蛇皮纸（中国的建筑工地上常见的那一种）搭成的，里面停着一辆白色的丰田轿车，中村先生像进行驾驶表演一样，一把就将车倒出来，让我坐进去。拐上公路的时候正在路上行驶的车给他让道，他挥手致谢，动作颇为潇洒。他的驾驶技术是那样熟练，而且，他居然没有戴眼镜！

“车嘛，我还准备再开两三年！”他有些得意、有些自豪地说。

中村先生的故事中，大蒲柴河那一段给我的印象最深。回国之后查资料，方知大蒲柴河在中国人民的抗日战争史上占有一席之地，青史留名的民族英雄杨靖宇曾经在那一带抗日。据黄元起主编、河南人民出版社 1982 年版《中国现代史》第十章，1939 年 6 月，东北抗日联军第一军在大蒲柴河战斗中全歼日军助川联队（日军建制中的联队相当于中国军队的团），击毙联队长助川中校。而抗战结束后，日本散兵又以那种方式聚集在大蒲柴河，与中国的民间武装一起制造传奇故事。

四　温泉乡不眠夜

在韭崎车站与中村先生分手，乘电车回到甲府不到6点，离我买了预售票的那班长途汽车的发车时间还差两个多小时，于是我便去车站旁边的舞鹤公园一转。

公园是以原甲府城遗址为基础修建的，地势比较高。站到公园高处南望，富士山依稀可见。连绵起伏、云雾缭绕的群山之中一个巨大的梯形“横空出世”，那就是富士山。积雪覆盖的山体在夕阳的辉映下呈淡淡的橘红色，真正的气势恢宏。那景象使我想起日本江户时代著名的浮世绘大师葛饰北斋的名作《凯风快晴》（通称《赤富士》）。富士山位于神奈川县与山梨县的交界处，从山南面看到的富士山被称作“表富士”，从山北面看到富士山被称作“里富士”（在日语中“表”有“正面”的意思，“里”有“背面”的意思），那么，当时我从舞鹤公园看到的富士山是“里富士”。

脑海里叠印着胸前挂满纪念章的中村先生和夕阳辉映下的富士山，我回到东京。

5月14日至16日的“回想四野会”第三十三届年会，是在甲府东边几公里处的石和镇举行。石和镇是著名的温泉乡，有多家温泉酒店，“老八路”们已经多次在镇上集会，今年还是住去年住过的新光酒店。那天中村先生告诉我，今年的集会和往年一样邀请了中国驻日使馆的武官，时值中日建交三十周年，不仅有电视台来采访，中国中日关系史学会方面也有人到会进行资料调查。

14 日上午我去新宿的长途汽车站，乘 10 点 45 分开往石和的汽车。在车站遇到了同样去参加集会的高山女士和一位姓须藤的日本老太太，正巧她们买的也是 10 点 45 分的车票。高山说相原庆子和二森范子也是同日上午去石和，相原和我们坐同一班车，她已经代相原买了票，二森坐的车晚一些。

眼看着到了发车时间，庆子夫人还没到，高山打电话去问，原来是她记错了时间，赶不及了。

高山说：“这帮老头儿老太太，稀里糊涂，丢三落四，可有意思了！你今天去了就知道了。”

车中谈起战后滞留中国东北的日本人，高山说：“我妈妈那时候在东北，国家照顾日本人，分配的全是大米。我爸爸是中国人，就得配杂粮。你要是写文章，也得把这事写进去。到过中国的日本人，都知道中国人善良。那些不了解中国的日本人，看不起中国，才可恶呢！”

下午两点之前我们就到了新光酒店，一楼大厅里一个人都没有，连大厅旁边的旅游商品店都是半掩着门。日本经济低迷、消费不振，当天又不是周末或节假日，所以客人很少。

两点过后，中村先生到了。他红光满面——热的。当天的气温超过三十度，石和位于甲府盆地之中，所以更热。中村先生穿着一身深蓝色的西服，脚上却是一双中式布鞋。和他一起到来的是一位名叫雪江秋夫的老人和一位姓姥沼的老妈妈。雪江脚上穿的也是一双布鞋，剃着光头，背有点驼，看上去安静又随和。如果让他握着烟袋在墙根儿蹲下来，整个儿一位善良的山东老大爷。而他的姓名却像是诗人的笔名。

见到我们，中村先生问："还没吃饭吧？"然后对雪江下命令："你开车带他们到附近找个地方吃饭去！"

我们说刚吃了点心，不用吃午饭，中村先生开玩笑说："你们十七八岁的年纪，正是吃饭的时候，不吃怎么行？"

众人都笑起来，因为在场的人中最年轻的笔者也已年过不惑。

看得出，中村先生情绪很好。高山告诉他这里有从中国带回的瓜子儿，问他吃不吃，"瓜子儿"一词是用日语说，他没有听懂。递给他一看，他恍然大悟，脱口而出的是汉语："啊，瓜子儿！"

高山为了退在新宿替庆子夫人买的票，要给当地的汽车站打电话，中村先生想了想，居然说出了当地公共汽车公司的电话总机号。他的记忆力好得惊人。

没有人出去吃午饭，中村先生便和雪江、姥沼在大厅入口处的桌子前坐下，开始接待来开会的人，收住宿费、发材料。我去和姥沼女士打招呼，她说称她"沼同志"即可，并告诉我“姥沼”是她丈夫的姓，从前参加解放军的时候中国战友们以为他们姓“姥”，按照中国的习惯喊他们“姥同志”，但年纪轻轻被领导和同志们称作“老（姥）同志”不好意思，所以改为“沼同志”，听上去像是“赵同志”。这和中村义光改名“钟纯”有点类似。

来的人越来越多，大厅里热闹起来。当时在场的纯粹中国人只有我一个，所以好几位老人热情地过来与我聊天。

引人注目的是一位身材高大（当在一米八左右）的老人，他是扛着几大包印刷品进来的。天热，包重，他汗流满面。交换了名片，我知道他名叫桥口杰。他告诉我他已经七十五岁了，1941 年十五岁的时候，作为旧满洲大东义勇队开拓团员离开故乡九州到中国的东北，在东北经历了苏军进攻、日本战败，后来参加解放军，1953 年才回到日本。

我问他是否在写回忆录之类的东西，他指着他扛进来的那些印刷品说：“写了。那两册黄封面的就是。”说着走过去拿来几册送给我。其中的两册是他的“终战回忆录”——《难忘的大地》，另外几册是他主持的“富士讲述会”的相关资料。

原来他长期以来一直在根据自己的切身经历向日本青少年介绍日本侵略中国的历史，介绍移民旧满洲的日本人的悲惨命运。讲话之间中村先生走过来，问桥口将他扛来的东西发给大家是否收钱，桥口说不用。后来阅读了桥口杰本人提供的资料和其他相关资料，我才知道他曾经为解放军伤病员输过血，还曾经参加公审“座山雕”的原型、东北土匪谢文东的大会。《难忘的大地》第二部就是写他所知道的谢文东的生活。

与桥口刚聊了一会儿，大厅入口处骚动起来。抬眼望去，几位西装笔挺的男士走了进来，一家电视台的摄制组跟在旁边拍摄。原来是中国中日关系史学会的采访小组到了。带队的是中国原驻日使馆公使、现任中日关系史学会会长的丁民先生。1999 年 8 月，日中人文社会科学交流协会在北京友谊宾馆召开成立二十周年纪念会的时候，我曾远远地看到过他。与他同行的三位中，有一位先生看着眼熟。马上想起来了，他是在中国驻南斯拉夫大使馆被炸时牺牲的朱颖的父亲朱福来。陪同四位中国学者的是一位中等身材、面色红润、白发整齐地往后梳着的日本先生，旁边的人告诉我他是“花园”，听介绍者的口气“花园”是一位大家都熟悉的名人，但我并不知道“花园”是谁。交换了名片，才知道他名叫花园昭雄，担任日中平和友好会本部会长（汉语的“和平”日语汉字写作“平和”）。花园先生错把我当成了主人，让我给四位同胞学者作介绍，我抓紧说明自己也是一个“闯入者”，没有几个人认得我。得知我对“日本老八路”感兴趣，他又给了我一张名片，上面的头衔是：“战后参加新中国建设的日本人之记录”事业联系人。

看来，中日邦交正常化三十周年成了又一个清理历史的契机。丁民先生对当年的解放军女护士本多歌子进行采访的时候，我听他说，他们的系列采访活动也是为了纪念日中邦交正常化三十周年，从去年春天起已经开始。

本多歌子穿着鲜艳的粉红色上衣，脸上擦着白粉，头戴黑色小帽，打扮得风度翩翩、引人注目，看上去完全不像七十四岁的人。可能是因为这个原因，她成了采访小组的第一个采访对象。

她说1939年她十一岁的时候，从日本去中国东北的阿城，1946年参军当护士的时候只有十八岁，被大家称作“小鬼”。年龄小，个子也矮，部队发的大衣和鞋子都大，要自己重新缝制之后才能穿。父亲是做教育工作的，家庭生活条件优越，她觉得父亲要她参加解放军是为了使她受到锻炼。日本战败、家人从阿城迁回日本之后，只有她一个人留在中国的军队里。她说在中国的时候行军途中看电影《白毛女》，思想发生了很大的变化。

在江西泰和遇到的一件事，使她受到感动，至今没有忘怀。那大概是在新中国成立后的1950年，她和许多日籍解放军后勤人员集中到泰和。到了周末，便和同伴一起去看电影。电影院门前有一位卖甘蔗的老妈妈，老妈妈的眼睛有伤残。当时本多歌子（那时她姓白田）已经会说中国话，有一天，她便问老妈妈的眼睛是怎么回事。老妈妈说是日本鬼子害的。日本鬼子来抢她的女儿，她反抗，鬼子用刺刀将她刺倒在地，伤了她的眼睛，抢走了她的女儿。

本多歌子羞愧地对老妈妈说：“大妈，我也是日本人。”

老妈妈却安慰她，说：“是帝国主义不好，日本人民和中

在“回想四野会”第三十三届年会上，中村义光与中国驻日武官空军少将李锐交谈，右为副武官贾坤基

国人民是一样的。”

回忆起这件事，本多歌子依然有些感动，说：“老妈妈只是一位卖甘蔗的，不识字吧！也看不懂报纸吧！然而却……”她说那件事之后每次去看电影她都和老妈妈打招呼，自己零用钱虽然不多，但经常买老妈妈的甘蔗。因为思想转变过来了，所以朝鲜战争爆发后志愿军赴朝作战，而日籍人士由于国籍原因不能参加，她还不高兴，说是“民族解放战争哪个国家的人都应当参加”。1953 年她随众多日本人被送回日本的时候，在上海等船期间她和二森范子想留在中国，甚至考虑过逃跑。

丁民先生一行对到会的日本老人进行分头采访的时候，中国驻日大使馆的武官、空军少将李锐到来，陪同他的是陆军副武官贾坤基。李武官我 4 月初在大使馆的一次招待会上见过面，贾先生我在担任东京《留学生新闻》主编期间已经因为工作关系认识。李武官到任不久，他们也是第一次参加“回想四野会”的活动。中村先生热情地迎接李武官并坐下来和他交谈，那时候我才注意到中村先生的领带和领带夹上都有“八一”的标记。他告诉李武官成立“回想四野会”是为了纪念在中国的从军生活，1970 年 3 月成立之后年年举行集会。据他介绍，当年众多日本人从中国回来的时候，军功章、纪念章都留在了中国，1972 年两国关系正常化之后他给周恩来总理写过三封信，希望中国方面将那些军功章、纪念章还给参加过共产党军队的日本人。旧的纪念章暂时找不到，中

2002 年 5 月 14 日“回想四野会”第三十三届年会合影。前排中为中村义光，左四为驻日武官空军少将李锐，右四为前驻日使馆公使丁民，右二为本书著者董炳月；二排左三为桥口杰，左四为本多歌子

国方面给他们做了新的，所以他现在成了中国解放纪念章颁发日本全国审查员。

从中村先生的这次谈话中我知道，1953至1958年间有大约七千名日本人从中国回到日本，其中参加过中国人民解放军的大约有四千人。他又提及日本战败后至参加解放军之前在大蒲柴河的土匪生活，那个名叫张永胜的中国匪首似乎还和国民党军队有什么秘密关系，被枪毙的高桥干雄到八路军野战医院当医生，其实并没有行医执照。

旁边坐着花园先生，我问他参加解放军的日本人中有没有端着枪上前线的，他回答说：“有，但很少。今天来的人中就有。大部分日本人都是在后勤部、卫生部、野战医院等部门工作。”

晚上六点半，宴会在二楼的一个铺着榻榻米的大厅里举行，近四十人济济一堂。中国中日关系史学会向“回想四野会”赠送了上书“继往开来、世代友好”八个大字的锦旗，还有什么人赠了一幅画着梅花的国画。合影留念的时候，日本老八路们便把锦旗和国画扯在后面。

晚宴主持人是一位退休前在NHK电视台工作、名叫武藤正孝的先生。中村义光先生发表讲话，热情洋溢。他感谢战争年代共产党军队从国际主义、人道主义立场出发给予他们这些战败国国民的尊重、关照，批评日本现政府嘴上喊着“中日友好”实际上却事事看美国的脸色。接着丁民先生和李武官也应邀讲了话，然后大家喝酒、谈笑。啤酒、日本清酒

二森范子等人在扭秧歌，哈巴桑唱歌在给他们伴奏

之外，还有李武官代表大使馆赠送的七八瓶茅台酒。

喝着喝着，大家就唱起来了，都是战争年代的老歌。一位姓山田的老太太走到前面，唱的是《三大纪律八项注意》，从第一段唱到最后一段，中文歌词也唱得清清楚楚。她在前面唱，众人在下面唱。这歌声又一次确认了他们的“老八路”身份。当年，他们就是唱着这首歌，在中国的土地上送走自己的青春年华。二森范子的《与龙之子共生》也曾把《三大纪律八项注意》的歌词翻译成日文进行解说，那天在中村先生家里，中村先生也曾把一张工工整整抄着《三大纪律八项注意》歌词的纸给我看。对于他们来说，这首歌真的成了记忆中的“原风景”。而在现在的中国，会唱这首老歌的年轻人可能不多。

日本老八路唱完，本多歌子女士喊了起来：“中国同志来一个！”于是其他人也跟着喊“中国同志来一个！”还是战争年代的“拉歌”习惯。“中国同志”的表现也不错，李武官和贾坤基往前面一站唱起老歌，其中有《我是一个兵》，中日关系史学会的一位先生还上台清唱了一段京剧。接着，二森范子、相原庆子、山田照子、本多歌子等当年的解放军女护士在榻榻米上扭起了秧歌。二森范子扭秧歌的时候在脸上加了个很大的塑料鼻子，一边扭一边做鬼脸。音响设备好像是没有人会用，伴奏带一时无法播放，一位干瘦的老头儿便站到前面拿起话筒唱起了秧歌曲：

正月里来是新春
赶着那猪羊出了村
猪呀羊呀送到哪里去
送给咱亲人解放军
伊尔呀呼嗨……

他唱得非常投入，不时闭上眼睛摇头晃脑，音阶高得变了调儿，依然往上唱。这位老头儿姓“幅”，名“敬信”，大家都喊他“哈巴桑”——“哈巴”是“幅”的日语读音。哈巴桑不仅会唱歌，而且会指挥。晚宴结束之前众人排成两排齐唱《歌唱祖国》，哈巴桑当仁不让地站在前面打拍子，还给大家起头：“五星红——旗，预备——唱！”

当天参加集会的“日本老八路”中有两位当年曾和中国士兵一起上前线打仗，哈巴桑就是其中的一位。

在整个晚会的进行过程中，电视台的那个摄制组一直跟着摄像。摄制组的成员都很年轻，年龄都应在三十岁以下。从中村义光和丁民、李锐等各位的讲话中，他们应当知道这些日本老人的来历。我不知道他们看到这些老人又唱又跳、近于癫狂的样子会有什么感想。

晚宴结束之后，又集中到武藤正孝住的310房间里看录像、聊天。武藤带来了近二十年间“回想四野会”集会的录像带，还有建国五十周年庆典的录像带。先播放的是庆典录像带，电视屏幕上出现了阅兵式，房间里回响起解放军军歌

《我们的队伍向太阳》的雄壮歌声……

1999年五十周年庆典的时候，相原庆子、二森范子等人都专程去了北京，现在看着录像，他们似乎又回到了两年半之前。最按捺不住的似乎是庆子夫人，屏幕上江泽民检阅部队打招呼的时候，她跟着重复；各部队的方阵走过的时候，她不停地鼓掌、发表评论：“斯高宜，斯高宜”（即汉语的“了不起，了不起”）。自己看，还催雪江秋夫看。因为众人都在看电视，只有雪江不声不响地背对电视、面向众人坐着，不停地给大家斟酒、削苹果。晚宴喝剩的酒都被拿回房间里来了，榻榻米上摆了一片白色的酒壶。

和雪江老人一起招呼大家的是北浦佐都子的女儿。解放战争中北浦佐都子在四十七军留守处工作，她的丈夫是一位兽医，当时负责治疗解放军的军马。下午本多歌子接受采访时说，她们当时称北浦先生“马先生”。就当时解放军部队的装备而言，骑兵像现代化部队的直升机部队一样重要，因此“马先生”的重要性相当于现在直升机部队的机械师。他们的女儿显然是受父母的影响才来参加“回想四野会”的活动，并为大家服务。从她的年龄，我估计她是1950年前后出生在中国。

军歌的旋律不停地回响。庆子夫人还在那里自言自语：“参加了八路军，太好了！参加了八路军，太好了！”她说当时他们在北京，只有两个人能上天安门广场的观礼台，她和二森、北浦等许多人是坐在宾馆房间的电视前看电视，一边

随军南下的日籍解放军士兵们在中国南方某地合影。当时他们能够带回国的照片很少，上面的题字都被抹掉了

看一边鼓掌、流泪。我能够理解他们的心情，因为他们宝贵的青春年华是在中国的军队中度过的。李锐武官说五十周年大庆的时候他也不在国内，是在另一个国家当武官。他说像日本“老八路”这种特殊群体在其他国家不可能遇到。

众人正看着录像聊天，哈巴桑和一位姓野田、戴着助听器的老人进来了。当年，两位都在前线和国民党军队打过仗。野田显然是刚洗过澡，穿着宾馆的白底蓝格单和服。房间里已经挤得很满，给他们让座他们也不坐，就那么站着和李武官说起当年在东北打仗的经历。

野田的汉语非常好，一边说一边比画着：“蹚着水过江，很冷，水有这么深……”说着说着，“哈巴桑”突然把他推转过去，掀起他的和服下摆，于是，他小腿上的一个巨大的伤疤暴露在众人面前。那个长长的伤疤使整条小腿看上去有些变形。野田转过身来，指着自己身体的其他几个地方，一字一句地说：“这里还有，这里还有。”那样说着的时候他脸上的表情非常复杂，悲壮，又有些痛苦。原来他是一位伤残日籍解放军战士！

庆子夫人说从前也不知道野田身上有这么大的伤痕。我想，也许是因为当晚有中国大使馆的武官在，野田才愿意暴露自己的伤疤的。

电视屏幕上，阅兵式在进行，天安门广场上五星红旗高高飘扬……

当晚我是和中村先生、哈巴桑，还有一位名叫成冈睦美的老人同住一个房间。从310房间出来，回到房间，中村先生不去洗澡，衣服没换就躺到榻榻米上。毕竟是年龄不饶人，何况忙活了一整天。哈巴桑、成冈睦美却谈兴甚高，和我一直聊到深夜两点多，才熄灯就寝。

我躺在离阳台最近的地方，灯熄了，却怎么也睡不着，耳边回响着《三大纪律八项注意》《我们的队伍向太阳》等革命歌曲的旋律，还有哈巴桑那有些凄厉的中国话。身边并排躺着三位年近八旬、垂垂老矣的日籍解放军老兵，想到自己鬼使神差般地走近他们，想到他们崎岖的生命旅程，我感到的是人生际遇的偶然性、命运的难以捉摸、个人在历史面前的渺小。不知何故，我还想起从中村先生家回东京那天在舞鹤公园看到的富士山。如果是白天，站在身边的阳台上也应当能够看到南面的富士山……

五　幅敬信：孤独的“日本兵”

其实，在5月14日的晚宴上，我开始注意到哈巴桑是在他唱歌、主动给大家当指挥之前。他似乎是迟到了一会儿，没有赶上晚宴前的合影，所以集体照上没有他。喝酒的时候他满场爬来爬去，身材干瘦，但嗓门特别高。说话的时候目光灼灼，眼神有些直。他和李锐武官交谈时说汉语，虽然不太标准，但十分自信，斩钉截铁，有点像吵架或者下命令，内容似乎是批判日本现政府的自卫队政策。

他们的交谈告一段落的时候我过去打招呼，问他：“听说您打过仗是不是？”

他大声用汉语回答：“是副排长。辽沈战役都参加了！没打死哪！班长牺牲了，弹药手也牺牲了。”话题一转又答非所问地喊道：“我们还要打仗吗？一辈子都不喜欢的！”

现在想来，他这种特殊的语言风格可能是在当时的战争环境中形成的。在枪炮声交加、瞬间决定生死的战场上，同伴之间对语言的要求就是简练、果断、洪亮。这种风格的语言类型可以定义为“战壕型”。后来与他聊天的时候，我发现他说得最流利、最传神的一句中国话就是：“你们投降吧！不杀你们！”这句话的语调几乎可以代表他说汉语时的所有语调。

310 房间的聊天结束之后回到房间里，我先是随哈巴桑去一楼的大浴场洗澡。那时候我才知道他 1924 年出生，已经七十八岁。泡在水池里，一边洗，一边问起他打仗的事。

他说当时他在东北参加解放军之后是打“鹿卡尔炮”，问我：“鹿卡尔炮，你的明白？”

我如实回答：“我的不明白。”回答之后才意识到自己的汉语也变成了“日本式”，并想起抗日影片中“太君”与中国人的对话，不由得想笑。

哈巴桑改用日语说明，我才明白“鹿卡尔炮”就是掷弹筒。

“哎呀，敌人的机枪太厉害了！我们的部队上不去呀！排长说：‘幅敬信，给我打！’我打了，打中了。我们的部队上去了！弹药手也牺牲了。”听那语调，哈巴桑似乎是刚刚从战场上下来。

我问：“您没有负伤吗？”

他说：“负伤了，没有那么厉害。”边说边指着自己脖子下锁骨处给我看，那里有几块疤痕。

看着他苍老、干瘦的手，我当时想到的是这双手半个世纪之前曾经使众多解放军官兵免遭敌人机枪的屠戮，也曾经炸死过许多国民党兵。机枪在吼叫，子弹成群结队蝗虫般飞过来，身边不时有人倒在血泊中。在他将几发炮弹发射出去之后，爆炸声中机枪的吼叫戛然而止，硝烟滚滚，敌兵血肉横飞，一只钢盔飞起来又落下去，在飘浮着硝烟的天空划出流畅的弧线……

哈巴桑简单朴素的表达背后，实际上存在着许多惊心动魄的战争场面。

不过，比起谈论打仗，哈巴桑似乎更关心日本的政治，特别是不久前日本政府配合美国军事战略而通过的所谓“周边有事法案”。对此法案哈巴桑大不以为然，吵架似的说：“不必要嘛！日本有什么事？日本什么都没有嘛！谁到日本来？都听美国的，日本不行的！日本，中国，韩国，要友好！”在温泉的雾气中，他依然目光灼灼。

洗了澡回到房间里，哈巴桑给了我一张名片。名片是他自己在电脑上制作、用彩色打印机打印的，比较粗糙，但印着彩色头像。名片上印有三个头衔，第一个便是：原中国人民解放军第四野战军第四十四军一三二师六十九团二营四连排长。“营”字打错了，打成了“草菅人命”的“菅”。

成冈睦美下午已经给过我名片，晚上又给了我一个信封，里面装着他的个人简历和一张与“回想四野会”成员的合影。这显然是为接受采访准备的。他还给我看了一首中国人手写的怀念过去生活的诗，诗是赠给“陈刚战友”的。问他陈刚是谁，他说在中国的时候他叫陈刚，原来“陈刚”是他的姓氏“成冈”的谐音。

我问哈巴桑在中国时改名字没有，哈巴桑说：“没有，他们

原. 中国人民解放軍 第四野戦軍第四四軍
一三二師三六九团二营四連.　排　長
原.松本地域中国帰国者自立促進協会.会長
長野県.明科町中日和平交流会.副会長

幅　敬　信
HABA　YOSHI　NOBU

哈巴桑现在的名片，上面印有他在解放军部队中担任的职位

都喊我幅敬信。”

见他们没有就寝的意思，我便和他们聊起来。

我问哈巴桑：“您参加八路军的时候，会说中国话吗？”

“不会。”

我又问：“身边都是中国人，您又不会汉语，那怎么办呢？”

这下子打开了哈巴桑的话匣子。他的声音高起来，中国话亦随之熟练：“自己努力，抓紧学习！”停了一会儿，又道，“我最——太受不了的，是唱歌的时候啊！‘日本鬼子’，（歌词里）都有吧？一个连队，只有我一个日本人吧？那时候，他们都看我呀！”

一个二十三岁的原日本兵，站在解放军的队列中，周围的人在大声唱歌。他不知道大家在唱什么，也不知道大家为什么唱歌的时候都扭头看他，于是满脸的茫然与孤独。我想象着那情景，听着哈巴桑有些夸张的语调，看着他的光头和炯炯有神的小眼睛，几乎笑起来。但笑了不礼貌，便忍着。

“这怎么办呢？”哈巴桑自问自答，“平时当模范，战斗勇敢！啊，当模范！”

“怎么干才能当模范？”我问。

“那打扫卫生，挑水，扫地，干什么都有了。那时候都干了。”哈巴桑继续说，“那小功、大功，都不要！咱要战斗功！干！勇敢干！四次打四平，第三次参加的，头一次——”

这时在旁边听着的成冈突然用十分标准的汉语对哈巴桑

下命令：“小点声音说话！你的声音太大了。”本以为他是担心吵醒睡在旁边的中村先生，但仔细一看，原来是他的助听器由于哈巴桑声音太大产生了杂音。

哈巴桑回答了一声“OK”，声音却不见小。“我们部队，嫩江，大山子。第三次参加。西北有飞机场，我们的部队上不去了。敌人的机枪太厉害了。排长说：‘幅敬信，给我打！’瞄准好了，打了。鹿卡尔炮，他们谁也不知道有鹿卡尔炮。四五个打了，命中了。我们的部队上去了。马上，敌人的榴弹炮打过来了，哗哗哗的。弹药手牺牲了，我没有什么，又上去。排长说：‘幅敬信，干得好！’一个连队一个代表，功勋大会参加！第一大功！ 1947年吧。东北，打四平。四平打四次，第三次立了功。又有冬季攻势，夏季攻势，春季攻势，一年四次。大虎山，阜新，都打了。夜里干。俘虏，不杀，带回来。武器都拿来。思想教育，国民党的俘虏教育，让他们也参加。夏季完了，还有春季。一年四季都是打仗。”

他的叙述用词比较少，逻辑有些乱，但表达的事实却很清晰。只是夏季攻势完了不应当是春季攻势。我提出疑问，他说春就是あき（aki），而aki是日语“秋”的读音。原来他把汉语的chun当成了秋。

哈巴桑接着讲述他的战斗故事。

“他们跑到鸡西，我们打阻击战。那厉害呀！国民党阻击战。完了打锦州。我们从南边突击。死人哪！周围的人都死！突不过去了。掏齐卡（碉堡）最厉害。机枪打得厉害！

啊呀，我们部队上不去呀！都是死人。我们班长要这个任务，打掏齐卡。（因为着急，他改说日语）我会用掷弹筒，可是敌人是碉堡战术，机关枪……（又变回汉语）班长喊口号：‘你们投降吧！都包围了！’哎呀！我们上去，那时候班长牺牲了。我是副班长，喊口号上去了。我喊口号：‘你们投降吧！我们不杀你们！优待你们！’喊口号！一个班的三四个人在一起。他们都投降了。机枪一挺，九个人俘虏，又回来的。班长被子弹打，牺牲了。回去了，立一大功。上级说给两大功吧，没给。那是（因为）班长牺牲了。国民党俘虏补充军队，补充一个班。那时候（我）当班长。”

当时，幅敬信是作为日本人随解放军打仗，中国对于他来说是外国，有语言问题，也有地理环境问题。他不可能知道所在部队的作战计划和作战方案，只是随部队行动，而且常常在夜间行动。所以他的叙述有些杂乱。

哈巴桑接着说：“锦州战役结束了吧？他们都跑了！跑到关里去了。我们都追，追到天津。都投降了，傅作义部队。哎——，投降了！”哈巴桑很兴奋，声音高了起来。停了一下，又说，“天津住了一个多月，担任警戒。然后到塘沽休息，一个多月，补充兵，俘虏兵。哎呀，一个班里两三个进来，补充兵。那时候，我当副排长。又南下，好啊！那好啊！白天走，夜晚睡觉。东北战役的时候，是夜晚打仗，白天睡觉。那一宿，走四五十公里。”

看来，当时对于他们来说，晚上能够睡觉就是一件幸福的事。无论是二森范子、相原庆子还是哈巴桑，关于中国生活的那段记忆中都有对睡眠的渴望。

和平解放日语写作“无血开城”，谈及北平的“无血开城”，成冈睦美似乎有些不服气，说：“说服傅作义的可是我们部队！无血开城三个月之前，他们就进入北平开始工作了。我们十纵队的老贾……”

哈巴桑谈起他参加解放军、随军南下广州的过程，成冈睦美又问：“你那时没当上连长？”

哈巴桑嗓门再次高起来：“连长？中国人能当连长，我不是个日本鬼子吗？”他说的是日语，只有“日本鬼子”一词是标准的汉语。说完之后他自己先笑了起来……

第二天早餐后从餐厅回到房间，哈巴桑和中村先生坐在榻榻米上每人一罐喝起啤酒来。

我问：“一大早起来就喝酒吗？”

哈巴桑说：“当然喝！”并递给我一罐。

我说不喝，他大概是误以为我嫌啤酒度数低，便从身边的手提包里摸出一瓶筒装的清酒，重重地往我面前一蹾，下命令似的说：“你喝这个！”我只好陪他们喝起来。

本多歌子进来聊天，他们开起她的玩笑，说是晚上让她们跳裸体秧歌。这些老人的心态十分年轻。

集合时间一到，众人便乘宾馆的面包车参观石和附近的景点。车中，他们又唱起歌来。本多歌子唱“北风那个吹、雪花那个飘”，唱她所在的工兵团的团歌——《朱总司令领导我们前进》。

最活跃的依然是哈巴桑，车开得很快，有些颠簸，但他却半立着，一边唱一边手舞足蹈，并拿出了几页歌词。歌词是他自己用电脑打印的，封面上印着“我年轻时代学的难忘的歌曲”一行字，里面都是中国老歌。唱《我是一个兵》的时候唱到“打败了日本狗强盗”那一句，车里的人都笑了起来，哈巴桑自己也笑了。我想起头天夜里他说的唱歌时解放军战士们扭头看他的事。当然，现在他不会再感到“受不了”了。

唱着唱着，哈巴桑居然唱起了《何日君再来》。

我问：“这首歌您也会唱？”

他说：“跟别人学的。那时候不准唱。思想不好，要批评。偷着唱。”

这首歌使我联想到这位日籍解放军战士的感情生活，我问他：“您在中国许多年，没有交过女朋友吗？”

哈巴桑大概是把我的意思听偏了，脸色一下子变得严峻，说：“不行的，不行的。人民的军队，不是保护老百姓的吗？不行的。”他一边说，一边拉着身边的人做搂肩膀、摸大腿的示范动作。“对妇女，这样不行，这样也不行。军规，有军规。懂不懂？”“军规”一词他特意用日语重复了一遍。“要是干了，就枪毙。不用枪，子弹宝贵，是我们的生命和鲜血换来的。拼刺刀。”他说的“拼刺刀”，显然是用刺刀执行死刑的意思。

停了一会儿，好像想起了什么，他又说：“哎呀，那时候啊，没有烟抽，自己卷啊。”一边说一边又做出搓烟叶、卷烟的动作。

北浦佐都子也说：“当时很不容易啊。卷烟，他们都会。”

确实，中村义光等人从敦化的野战医院往蛟河逃跑的途中，也是自己卷烟抽的。当时解放军部队的经济生活和文化生活相对贫乏，对于年轻的士兵们来说，抽烟大概就是很好的享受了。

面包车从山中开出来，下午两点左右到了山梨县花卉中心。花卉中心建在一个小山坡上，各种不同颜色的花沿着山坡一层一层叠上去，色彩斑斓，错落有致。有一片种着郁金香的地方好像是要改种其他品种，所以游人可以将那里的郁金香挖了带回家。一位管理员小姐在山腰摆了一张桌子，给要花的人发挖花用的小铁铲和装花的塑料袋。嫌带花麻烦的人，还可以请管理处代办邮寄。几位老太太们忙着去挖郁金香，中村先生和几位不要花的人坐在椅子上休息。我随哈巴桑在旁边转悠，那时候我才注意到他穿的是一双拖鞋。

我问：“您先当日本兵，后来又当八路军。您觉得这两个部队哪些地方不一样？”

哈巴桑的情绪又高了起来，连声说“完全不一样、完全不一样”，中国话也变得十分流利。“日本军队，打人，上级强制下级。八路军不一样，那是上级爱护下级、下级尊重上级！我是排长，我也带头冲！”一边说，一边做出端枪往前冲的姿势。

接着他告诉我日本军队训练方式的残酷，军官对士兵不仅上面打耳光，下面用脚踢，有的军官甚至把鞋脱下来，让士兵舔鞋底，作为对士兵的惩罚。他一边说一边手忙脚乱地模仿各种动作，脱下一只拖鞋拿在手里模仿舔鞋底动作的时候，他一只脚着地，险些跌倒。具体的情形我不好再细问，但我想那种兽性的训练方式给他留下的记忆一定很痛苦，因为他说他当年在战场上恨不得从后面开枪把长官打死。这样说的时候又凶狠地做了一个端枪瞄准的姿势……

5 月中旬参加“回想四野会”的集会，5 月底我就回到了北京。回到北京之后，我接到了哈巴桑寄来的一些文字资料，其中有他的中国战友官冬蔚的文章《李化民将军和他的日本部下》，还有哈巴桑写给他的日本战友舞田岩男母亲的一封长达九页的信。哈巴桑将官冬蔚的文章译成了日语，并做了补充，因为该文写到他。

舞田岩男是哈巴桑的生死之交，现在住在京都。2001 年，舞田的母亲（当时已经九十六岁高龄）很想与哈巴桑见面，哈巴桑便在 11 月 15 日带着女儿和一岁的孙女从长野县东筑摩郡到京都的舞田家住了三天。今年 4 月末，哈巴桑又给舞田岩男的母亲写了一封长信，谈他的历史。在石和的那天夜里，哈巴桑也跟我谈起这件事。他把那封信重新打印一份寄来，是为了给我做参考。

将这两篇文字和那天夜里哈巴桑的自述结合起来，哈巴桑的历史才变得清晰。

1942 年 10 月，十八岁的哈巴桑到了哈尔滨，先后任职于哈尔滨的农场和农产公社，做些小麦消毒之类的工作。1945 年 3 月 13 日，他离开哈尔滨，15 日到达靠近苏联边境的孙吴，被编入“第五国境守备队步兵第二六九连队村上大队池本中队”（日军的大队相当于中国军队的营，中队相当于连），成了一名日本兵。那一年他二十一岁。3 月入伍，4 月他所在的池本中队就奉命驻扎到黑龙江岸边的胜山阵地。胜山阵地是一座小山，从阵地上可以俯瞰山脚下奔流不息的黑龙江和对岸的苏联人。8 月 9 日，苏联红军开始渡河进攻日军阵地，池本中队与苏军激战三昼夜，终于抵挡不住。苏军的坦克一直攻到日军兵营的院门外，切断了胜山阵地上的日军和孙吴本队的联系。

第三天黄昏，梨本班长传来了本队的命令：“向孙吴的本队靠拢！”于是，胜山阵地上的日军连夜经小兴安岭向孙吴方向撤退。天亮时分到达孙吴阵地，但那里的战斗已经结束，他们便继续往南，向北安方向撤退。撤出孙吴的时候，饭田准尉率领的部队与苏军的装甲部队发生遭遇战，饭田和他手下的士兵抱着炸药包钻到苏军装甲车下面引爆，全部战死。

村上大队长带着这伙溃不成军的日本兵，在小兴安岭的山中跋涉。食品不够，便用山中的野菜、野草充饥。他们不知道，在他们仓皇跋涉的时候，日本天皇已经宣布投降。9月上旬，他们终于到达三百里远的五大连池。当地的中国人告诉他们日本已经在8月15日投降，他们才知道抵抗已经没有意义，于是通过中国人和苏军取得联系，就地向苏军投降，被苏联士兵解除了武装。

随后，他们被从五大连池押往苏联境内的布拉戈维申斯克（海兰泡）战俘收容所。布拉戈维申斯克与中国境内的黑河隔黑龙江相望。当时，苏军正在拆中国境内连接北安与黑河的铁路上的铁轨，连同铁路沿线的物资一起运回苏联。日本战俘们也被迫参加劳动。一边当劳工一边移动，越过冰封的黑龙江到达布拉戈维申斯克战俘收容所的时候，已经是1945年的11月。途中许多日本战俘都死于饥饿、劳累与疾病。在收容所里他们迎来了1946年，因为伙食太差、卫生状况恶劣，许多战俘便秘，身上生了虱子，霍乱和斑疹伤寒开始流行，夜里有人说呓语。情况最严重的时候，早上醒来，房间里的人会有四五个已经死去、变得僵硬。哈巴桑也染了病，他不想和那些死者一样抛尸异乡，独自带着行李离开收容所，打算回日本。舞田岩男阻止了他，使他免于一死。在当时的状况下，从苏联境内返回日本是不可能的。一个人独自离开战俘收容所，无异于自寻死路。

到了 1946 年 3 月，苏联方面把在押的日本军官和日本老兵押往苏联境内的另外一个地方，却把哈巴桑和舞田岩男等新兵送回中国境内黑河的江岸收容所。大概一个月之后的 4 月初，他们又被转押到同在黑河的南冈收容所。就是在这里，发生了“黑河收容所逃亡事件”。

逃亡事件是关押在南冈收容所的原日本军曹皆川和原日军伍长畑策划的。他们通知各位说：“今天夜里大家离开这里。可以去北安，也可以去嫩江。去哪里各位自己决定。”

当夜，哈巴桑和舞田岩男离开南冈收容所之后拼命往嫩江方向跑，天亮的时候跑到了山中一个叫作“二站”的地方。荒草茫茫之中眼前突然出现了一座房子，有士兵模样的人抱着枪在放哨，并且发现了他们。后退已经来不及，二人只好硬着头皮走上去，所幸对方是地方部队“光复军”（当时伪满的亲日派组织的部队）。进屋一看，多位从同一战俘收容所逃来的日本兵正在大口吃着高粱米饭。那些人提心吊胆跑了一夜，一定是又累又饿。

当时，已经进驻东北的解放军部队正在从后面追赶他们。他们还从一位姓和田的上等兵那里听到了没有逃出收容所的开拓团员、妇女儿童被枪毙的传言。众人商量之后决定，愿意再一次当兵的人参加“光复军”，不愿再当兵的则继续逃跑。这样，哈巴桑和舞田岩男等十三名原日本兵参加了“光复军”。中途，一位姓原的班长因为厌恶军队生活改变主意独自离开部队下山，结果在山下被人杀死。哈巴桑怀疑是“光复军”因为担心原班长泄漏秘密而将其杀掉。

十二名日本兵随同“光复军”在山中当起了土匪，骑着马，背着枪，住的是在山中挖的“地屋子”，烧木柴取暖，东西吃完就到山外的村里去抢。抢麦抢米抢高粱，牛羊牲畜更是不放过。这样的土匪生活持续了半年左右，到了 11 月，东北的冬天来了。天气一天冷似一天，大雪也纷纷扬扬下起来。“光复军”的部队七零八落，只剩下二十多名中国人和十二名日本人。他们很清楚，继续待在山里，只有冻死一条路。大家商量之后，横下一条心——向山外的解放军投降！

他们在嫩江的一个村落向解放军交出了武器。当晚的款待非常好，有饺子，有鱼肉，还有酒，丰盛得出乎他们的预料。这群“光复军”俘虏开始时吃得很香，吃着吃着心里就嘀咕起来了：“给这么好的东西吃，该不是送我们上路的吧。是不是吃完就枪毙？”

第二天，他们被带进一处围有铁丝网的兵营，入口处有持枪的解放军哨兵把守。一位名叫黄宽、会说日语的朝鲜籍解放军班长告诉他们，周围各处都有哨兵把守。这样，他们就更加不安了。

他们的不安是多余的，什么事情都没有发生。

数日之后的一个寒冷的早晨，十二名原日本兵被用马车送往八公里外的纳河军事法庭。外面是零下三十多度的酷寒，白茫茫的雪原晃得人睁不开眼。坐在马车上冻得手脚发麻，他们不时从车上下来，跟着马车跑，暖和身子。

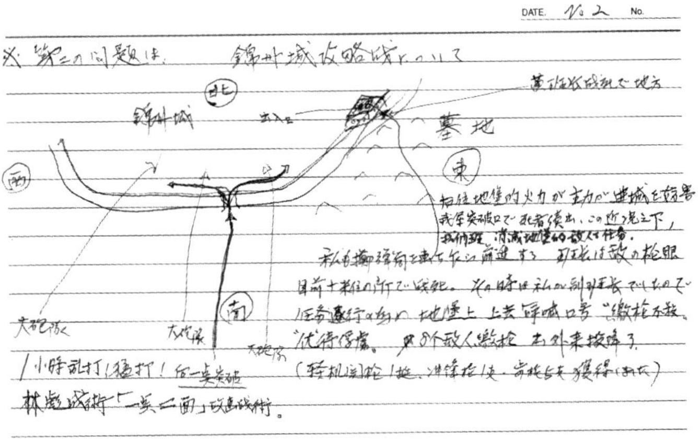

幅敬信在给本书著者的信中画的锦州战斗图解

上了法庭结果会怎样？每个人心里都在打鼓。

来自日本爱知县的松冈准尉最悲观，他对众人说：“我可能要完了。你们可得帮助我通知我家里的人啊。拜托了！”

这次他们的担心又是多余的，马车在雪地走了大约两个小时之后到了法庭，接受简单的询问之后，马夫就把他们拉回了嫩江。

那天晚上谈起这件事，哈巴桑说：“是共产党的政策好。毛泽东说，要优待日本士兵，士兵是无罪的，我们的敌人是军国主义。要利用日本士兵的技术。”

某一天，包括哈巴桑在内的一群日本兵被喊了出来。站在他们面前的是一位解放军连长，旁边是担任翻译的黄班长。连长姓李，独眼龙，一只眼睛和日本人作战的时候被打瞎了。那天提起李连长，哈巴桑还说他“一只眼，但很能干”。

李连长大声问：“你们当中有会打掷弹筒的吗？”

哈巴桑站出来了，说：“我会。”

李连长又问：“你们当中有会打机枪的吗？”

舞田岩男站出来了，说：“我会。”

这样，哈巴桑和舞田岩男成了解放军战士。哈巴桑当时是被编入西满军区二十一师（即后来的一三二师）六十九团二营四连，舞田岩男被编入六十九团的机枪连当机枪手。当时二十一师的师长是大名鼎鼎的李化民，哈巴桑所在的四班的班长就是黄宽。哈巴桑 1945 年 3 月参加日本军队，在接受了三个月的新兵训练之后，曾经作为“干部候补生”学习轻机枪、掷弹筒、步枪三种武器的用法。舞田岩男本来就是日军重机枪队的机枪手。

那天晚上，哈巴桑在石和温泉乡谈起的两次战斗，一次发生在攻打四平市的时候，一次发生在辽沈战役中。

1947年春夏之交，解放军曾经四次攻打四平。四平是东北铁路运输的枢纽，战略位置重要，国民党派重兵防守，修筑了坚固的工事，蒋介石还向守军将领陈明仁下达了“死守”的命令。参加攻打四平的解放军，就有哈巴桑所在的二十一师。哈巴桑从第三次开始参加战斗，并且初战告捷。当时，哈巴桑所在的连队奉命进攻四平市西郊的飞机场，计划从机场向市内突击。6月11日，傍晚时分，战斗打响。国民党军队的机枪火力异常猛烈，解放军官兵被压得抬不起头。

刘排长急红了眼，对哈巴桑发出了凄厉的呐喊：“机枪！机枪！幅敬信！干掉敌人的机枪！”

敌方阵地的机枪疯狂地吼叫，在炮弹爆炸的声浪中，哈巴桑看到了刘排长因为着急而变得狰狞的脸和发红的眼睛。他未必听懂了排长的命令，但领会了刘排长的意图。他沉着地用掷弹筒打出去几发炮弹，准确地将对方的机枪阵地摧毁。不幸的是，国民党军的榴弹炮随即向掷弹筒打来，身边姓陈的弹药手被弹片击中，当场死亡。

战斗结束后，刘排长为哈巴桑请了一大功，哈巴桑作为二营四连唯一的代表参加六十九团的庆功大会，被授予“勇

随军南下到达广州时的副排长幅敬信

敢勋章”，并被提拔为四班副班长。

1948年9月12日，第四野战军发动了著名的辽沈战役，李化民率领他的二十一师攻打锦州。大部队占领了城南两公里外的罕王殿山，外围战斗结束之后，10月10日上午，哈巴桑所在的连队奉命从东南方向向锦州市内进攻，依然是采用林彪“一点二面”的战术。国民党守军在城墙下修筑了坚固的碉堡，隐蔽在碉堡中的国民党兵用机枪、冲锋枪、步枪向外射击，密集的火力将进攻的解放军官兵逼在远处。要想攻进城，必须首先拿下这座碉堡，但面对坚固的碉堡，哈巴桑掷弹筒的远射已经发挥不了太大的效果。无奈，连长指挥轻机枪班掩护，牵制敌人的火力，命令四班向两百米外的碉堡发起强攻。

进攻开始，朝鲜籍班长黄宽和日本籍副班长哈巴桑带领全班战士，利用他们和碉堡之间的大片坟地做掩护，匍匐向前。双方的机枪在对射，子弹发出锐利的尖叫在他们的头顶交织成网。在离碉堡不到十米的地方，黄班长被子弹击中，壮烈牺牲。哈巴桑与战士们一跃而起，与冲出碉堡的国民党兵展开白刃战，登上碉堡，大喊“缴枪不杀！优待俘虏！”他们的气势震住了国民党兵，碉堡被拿下，战利品是九名俘虏、一挺轻机枪、一支冲锋枪、五支步枪。哈巴桑第二次立大功，被授予“勇敢勋章”，并被提拔为班长。

辽沈战役结束后，哈巴桑随军入关，1949年年初在天津被提升为副排长。南下行军途中他又因为吃苦耐劳、埋头苦

重访中国的幅敬信拿着老师长签名的照片红了眼睛

干被记一大功，并被授予“艰苦勋章”。小功不算，解放军从军六年间哈巴桑共立大功三次。从天津随军南下之后，他所在的部队本来是要参加攻打海南岛的战斗，但他们还在前进途中的时候，海南岛就解放了，于是他们的部队进驻广州，担任警备。朝鲜战争爆发后，哈巴桑虽然作战经验丰富，但因为国籍问题参加不了。1953 年他和其他许多日本人一起被集中到武汉，大部分日本人（其中包括中村义光夫妇、相原夫妇、二森范子、本多歌子等人）回了日本，哈巴桑和另外约三百名日本人则被派往北京学习。用哈巴桑自己的话说：“三百人，都是日本人。学习马克思主义、毛泽东思想，三年。”学习结束后他到哈尔滨学习汽车驾驶和修理，1958 年 5 月才经天津返回日本。

共产党的军队彻底改变了这位名叫幅敬信的原日本兵。惟其如此，他才会骄傲地在自己的名片上印上解放军时代的头衔，毫不忌讳这头衔在半个世纪后的日本社会有可能遭受的误解与冷眼。中日邦交正常化之后他多次参加“回娘家访问团”来中国。1990 年访华的时候，他受到原四十七军老军长曹里怀将军的接见。1993 年，中国人民解放军总政治部郑重向他颁发了特制的“八一”一级勋章，作为他数枚军功章的补偿。因为 1958 年他回日本的时候中国政府为他的处境考虑将他的军功章收回了。1995 年抗日战争胜利五十周年之际，他作为副团长带领“回娘家访问团”访问中国，到达武汉，意外地见到了当年的老师长、原武汉军区副司令李化民。握着李化民的手，哈巴桑激动得流下了眼泪。李将军郑重地在自己身穿将军服的照片上题了字，赠给哈巴桑与其他团员们。

六 “满洲新娘”的崎岖人生路

在 5 月 14 日的晚宴上，我还见到了另一位原解放军女护士本间雅子。本间 1924 年出生，今年（2002）已经七十八岁。可能是因为年龄的关系，身体又不太好，所以晚宴上她一直安安静静地待着，看上去有些忧郁。热热闹闹的晚会上，甚至没有她的声音。第二天乘车观光，我发现她走路的时候腿脚已经不是太灵便。中村先生等几位老年男士常常牵着她的手，搀着她。那种老年人互相搀扶的情景让人看了心生悲悯。参观宝石公园的时候，其他的老太太们挤在柜台前嘻嘻哈哈买水晶饰品，本间雅子独自一人坐在旁边的凳子上休息。我问她不买吗？她说以前来过，买过了，并指着戴在胸前的一条水晶项链给我看。她讲话也是细声细气的。

其实，在晚宴上第一次看到本间雅子的时候我有些惊讶。眼前这位老人与我 5 月初从一本书的封面上看到的那位穿着解放军军装的年轻女军人的差距太大了。

5 月初在韭崎采访、离开中村先生家回东京的时候，我的包里装着好几册中村先生送的书。

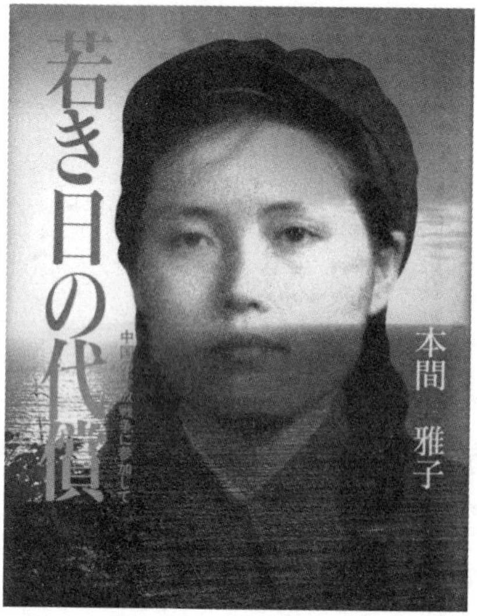

《青春时代的代价》封面

中村先生的书柜里有多种参加过八路军、解放军的日本人写的回忆录，大都是著者自行印刷的，按照现在中国的标准，当属“非法出版物”。但日本是个相对自由的社会，印刷技术也高，所以那些书看上去和正式出版物一点区别也没有。当时我意识到这些人非常珍惜自己在中国的那段人生经历，虽然写作、印刷要花费大量的时间和金钱，但他们还是这样做了。中村先生从中挑出几本重复的，送给我，其中就有本间雅子的《青春时代的代价——参加中国解放战争》。这本书是 1991 年印的，封面上是本间雅子穿着解放军制服的头像，戴着军帽，端庄、刚毅，英姿飒爽。那是她二十六七岁时的照片，而现在五十多年过去了，人不会不变。

和战后滞留旧满洲、遭受苏军士兵强暴的日本女性相比，或者是和那两位惨遭斐子文手下的土匪摧残而自杀的日本女性相比，本间雅子的命运要好得多。尽管如此，她作为“满洲新娘”在“满洲国”崩溃前后走过的路也是崎岖的。《青春时代的代价》记述的就是她不平凡的人生。

1945 年 5 月的一天，二十一岁的雅子提着一个塞得满满的柳条箱，独自一人离开故乡山口县，从博多港乘船经朝鲜半岛去满洲，和一位只见过一次面的日本男士结婚。为了结婚，她在两个月前辞去了邮局的工作。那时已是战争末期，她的哥哥已经在战场上死去，日本本州岛和九州岛之间的关门海峡水域有许多美军布下的水雷。所幸她乘坐的船顺利出港、平安到达釜山。八年之后回到日本她才知道，博多至釜山的那条航线在她走后的第二天就停止运行。就是说，当时如果晚走一天，她的后半生就是另外一种情形。

在本溪湖的新婚生活只有短短的三个月，随着日本战败，夫妻二人流离失所，生活在惊恐不安之中。不久丈夫被带走，她被解放军征用到野战医院当护士，从此夫妻二人断了音讯，不知对方是死是活。五年之后，本间雅子由一位数次逃跑、给解放军伤病员递尿盆都脸红的年轻日本女性，成长为把自己的血输给解放军伤病员、亲手为伤病员浣肠、数次立功受奖的女护士。1950 年，她得知丈夫还活着，几经周折取得了联系，但丈夫已经和别的女人生活在一起。1953 年 7 月，在武汉等船回国的时候，她才与等船时认识的一位比她小两三岁、同样是等船回国的日本男士结婚……

读完《青春时代的代价》，我发现本间雅子感受能力很强而且善于表达，这本自传很有翻译成中文的价值。完整地翻译一本书需要一定的时间，这里暂且把有关本间雅子参军不久和日本同伴一起逃跑的三节（12—14 节）翻译在这里。这是 1947 年早春本间雅子所在的解放军野战医院撤退到鸭绿江对岸朝鲜的中江镇时发生的事。

白色覆盖的视野染上片片的灰色，融雪似乎要淹没鞋子了。那样被白雪深埋着的鸭绿江江面，不知从什么时候开始冰消雪融……

生活在极度贫困中的我们，在这春天的气息中，感觉到从黑暗的冬天解放出来。心跳加速，大家的脸上也自然地焕发出光彩。离开居住地本溪湖之后，整整一年过去了。连续后退了四次，已经后退到朝鲜了。感觉当中似乎经过了漫长的岁月。

八路军的战况终于开始好转，我们没曾想到的向中国境内回撤的消息也开始流传。

这是逃走的机会！谁都这样想。只要能到南朝鲜，总会有办法的。大家这样认为。但具体究竟应当怎样做才对，谁也不知道。上级似乎是察觉到了什么，开始严格控制我们外出。

从病房回来的远藤恭子，带回了我们常去的那家料理店传来的话。从我们平时的谈话中，店主知道我们想回国，说是真想逃走的话可以帮忙。

“从这里逃走很难。先回到中国境内，等我的消息。”对方说。

我们都没有想到会突然出现这样的局面。心跳加速，工作也无心去做。无论如何，部队开拔之前必须下定决心，时间已经不多。我们做出了完全不会有结果的可怕决断。我们终于怀着那样的决心渡过鸭绿江，回到中国本土。

我们来到了与撤往朝鲜之前驻扎的大栗子相邻的临江镇。

《青春时代的代价》原书中的插画 1

出发之前逃走的十几位日本人很快被抓住了。渡河回来之后逃走的十几个人也在渡口被抓住，并全部被带回。

我和远藤恭子感到懊丧，决定无论怎样也要逃走。约定了时间和地点。宿舍内外，暗中隐藏着警惕的眼睛。

我平时深受上级信任。值班战士陪同所长到我的房间里来看情况，我一边开玩笑一边收拾逃走用的行李，他们完全没有注意。

班里的人也知道了我们即将出逃，几个人装作散步的样子给我们送行。目光与目光相接，无声告别，我们没有再回头。扔下别人独自出逃的痛楚与内疚让我始终心神不宁，但我最终踏出了实现愿望的一步。

给我们送行的几位也许对我们怀着羡慕的心情吧，然而却掩护我们出逃。这让我胸口发热……但我必须斩断这种恋恋不舍的愁绪，抓紧赶路。

由于紧张和兴奋，我的心跳在加速，脚步似乎也有些飘忽。必须争分夺秒、尽早远离此处！我们拼命低头往前赶，走得口发干，喉咙也发不出声音来了。料理店的厨师到约定的地点来接我们，把我们带到近处的老百姓家中。我们躲在房子后面，等待夜的到来。阴暗的角落里堆着农具和破旧的家具，追捕的人很快就会到来吧。我们屏住呼吸，恐怖使我们的身体变得僵硬。

似乎过了很长时间，天色暗下来的时候，厨师接我们来了。我们要登上小船，重回鸭绿江对岸的朝鲜一方。

《青春时代的代价》原书中的插画 2

紧张得腿发抖，似乎迈不开步，但已经没有退路。

现在回想起来，好像不敢相信那样大胆的事情是自己做的。当时的心理状态不正常，年龄也轻。再加上无知，还有抗拒心理。而且，当时许多日本人已经进行了逃跑的尝试。

月亮像细细的弓悬挂在天边，微弱的月光洒在江面上。我和恭子在船上尽力俯下身子，不出声，怀着类似于祈祷的心境期待尽快到达对岸。那是一只加上船夫只能乘三个人的小船，在水流湍急的鸭绿江里，似乎随时会被激流吞没或者翻掉。如果淹没在积雪化成的冷水里，活命的希望是没有的。

船到对岸，停在一片荒无人烟的草丛中。厨师把我们放下船，说：“蹲下来等着，别出声。我回去再接几个人。”说完就把船划回对岸。

河岸上的夜风很凉，我和恭子提心吊胆地靠在一起蹲下来。远方隐隐传来的声音好像是日本举行祭礼时的喊叫声。黑暗之中，我突然有了一种置身故乡荒野的错觉。夜风在吹，江水流动的声音时高时低，最后，渡船回来的声音传进了我的耳朵。

船接回来的，是同医院的另一个班的班长。

离开江岸走了不远，料理店的主人把四人领进了一家农舍。那户人家好像是他的熟人。他说那里离我们原来驻扎的中江镇有四五公里。我们从下午开始的异常紧张中解放出来，身体瘫了下来，食欲也没有。那是漫长的、漫长的一天。似乎从什么地方产生了一种像是后悔的感觉。

和那一带所有的房子一样，我们躲避的那户人家的房子也是土墙，并排的四个房间，长长的，房内有门相通。我们要求住在最里面的一个房间里。

房间里有个四张榻榻米大小的火炕，炕前面还有大约两张榻榻米大小的空间，地上是土，我们从那里出入。虽然与相连的房间之间有门相通，可以进出，但来访者没有人到最里边的房间来。

感觉到入口处的房间有人来访，我们就蜷缩起来，不发出声音。终日无事可做，仅仅是压低嗓子聊天。四个人在一起，我们的胆量稍微增加了一些。

生活费好像全部是料理店的主人提供的，厨师偶尔会来联系一下。我们所属的医院开始移动的消息，也是他带来的。我们觉得逃跑终于成功，但想到那些还留在医院里的日本同胞，心里还会掠过一丝丝隐痛……

我们隐藏在村民的家中，提心吊胆地听着门外的脚步声生活，将近一个月过去了。随着日子一天天过去，心中踏实下来，但恢复了原有的安然之后，反过来又要为前程担心了。

料理店的主人通过厨师传过话来，说：“没有什么需要担心的。再忍耐一下，等到情况安定下来。”生活费好像预备得很充分，一天三顿饭也为我们准备得很周到。从一排房子最那端的厨房穿过两间房来到我们住的房间，这家人每天送饭、收拾碗筷，给了我们温暖的照顾。

只有在早上洗脸的时候，我们才一个一个轮流外出，尽力舒展开身子，尽情地呼吸那种弥漫着树木发芽般气息的空气。一种在房间中积淀的空气残渣一次换成新鲜空气的痛快。后门外窄窄的庭院旁边，那一直生长到山上的树木间，嫩芽似乎在鼓动着春天的气息。

严酷的冬天在褪去，万物都在复苏。我们潜藏在房中，终于变得忧郁，开始感到焦躁。终日缩在房中，大声也不敢出，什么也不做，这种日子让人吃不消。而且，帮助我们的料理店主人这样亲切地对待我们会是无偿的吗？这也让我们开始感到一种隐隐的不安。

大家都认为，无论人家怎样亲切，这样一直依靠人家也不是办法。四个人从各个方面考虑、商量之后，决定尽早从这里逃走。

让前来联系的厨师把这话传过去，料理店的主人回话说：“好吧。近日行动吧。但四个人一起走太惹眼，错开日子两个两个地走。我给你们带路吧。”

我们感到羞愧难当——因为那曾经对料理店主人怀有的一丝不信任。

最后决定，另外两人先走，我和远藤后走。四五天的间隔过去之后，我们也即将出发。白天会被人看到，所以夜间出发。因为需要送我们两天左右，便由厨师带路。走大路危险，所以我们决定走漆黑的山路。

在茂盛的草木中，山路越加黑暗。厨师的腰间系着白毛巾，那在黑暗中浮动的白毛巾是唯一的目标，追着它拼命往前走，以免被落下来。

那时候我们已经在房中关了将近一个月，不走路，也没有锻炼腿脚。刚出门的时候尽量紧跟在厨师的后面走，但渐渐地落后，甚至连厨师的白毛巾都看不到了。厨师一次又一次停下来等我们。走了两三个小时之后，我们的脚就重得抬不起来，一块石头、一截树根也会把我们绊倒。

“让我们歇会儿。”

只有休息的时间在增加。最后，休息之后走出不到一百米，脚又重得抬不起来了。心情很着急，但脚就是不往前移动。最后干脆坐下来不走了。

“天亮之前如果不到那里，好容易走到这里就白忙活了。再稍微加把劲儿！”厨师鼓励我们。但是，脚是无论如何也不听使唤。不由自主地，眼泪汹涌而出。

如果累垮在这里，一切都成为泡影。也将无颜面对关切、帮助我们的人，无颜面对出逃时默默相送的班里的人。自己不能认输！我重新鼓起勇气，又鼓励远藤，然后拉着厨师的手，攀着路边的树木，爬一样在夜幕中往前走。太阳升起又落下，我们到达目的地的那户人家时是在黎明前。

本来计划休息到傍晚，夜幕降临之后再出发。次日住宿的地方也准备好了。

但是，终于到达住宿地点的我们，脚软得抬不起来，连一步都无法往前走了。甚至上厕所都几乎是爬着去的。如果是当初工作的时候，不会有什么问题，但将近一个月的时间里一直待在房中，现在突然在夜里走山路，所以……而且，我们是第一次走这么长的路。到了第二天傍晚，按计划本应出发，但当时的身体状态根本不能出门。万般无奈，只好请求再住一晚。

第二天早晨，那本应已经走得很远的两个人被抓住的消息传来了。我们受到了很大的打击。这样费尽心思、请中国人当向导、走夜路，最终还是被抓住，那么，我们的结局也可能是同样的。我们仅仅走了一天，就品尝了那种几乎让人厌恶的走路的痛苦。既然反正是回不去，那就在中国工作吧。两个人的心情是相同的。

究竟为什么会想到返回逃走之前工作过的中国医院呢？在那之前一年间的工作和生活中，我们只想着回国，发牢骚，反抗上级。从在那样的生活中接触到的人们那里，不是自然地感觉到了人心的温暖吗？两个人放弃了继续逃跑的打算之后，毫不犹豫地把心转向了中国。

当初听说逃跑的人要被杀，后来又听说实际上被抓回的人并没有受到太厉害的惩罚。我们估计被杀的事情不会发生。

事情决定下来之后，我们吃了早饭，开始沿着前天花了一整夜走过来的路往回走。这次是走大路，做出大大方方的样子。我穿着自己亲手用母亲让我带来的礼装和服改成的中式衣服，试图完全装成中国人的样子往前走。

走了可能还没有一公里吧，被人从后面喊住了。虽然知道早晚会受到责备，但还是吃了一惊。吃惊的是事情来得太快了。我想，这样大白天在大路上走根本是不行的。

“到哪里去？”对方用日语问。是朝鲜警备队的人。和预想的不一样，但心脏还是咚咚地跳。

“什么？”我用中国话反问。声音因为紧张而变得尖利，表情也一定很不沉着。

他们已经看出我们是日本人。在乡村，陌生人走过，立即引起别人的注意是自然而然的。我们讲了事情经过，恳求他们把我们送回中国。我们被带到一个像是派出所的地方，立即来了吉普车，将我们载上。

日前跌跌爬爬走过来的路程，只用一个多小时就被吉普车碾过。我们被带到了医院曾经驻扎的中江镇警备队。

也许要询问是谁帮助我们逃跑的吧，那是我们最担心的。再者，真的会送我们回中国吗？从来没有像现在这样心中没有底。

然而，审讯却是非常简单。

“怎么回事？”问。

“本来在中国的医院工作，想回日本，所以逃了出来。可是，现在知道回不去，想再回到中国。”我们如实回答。担任审讯的人只是点点头，此外什么都没有问。这可能是因为朝鲜的警备队与我们做过的事情完全没有关系吧。

“今夜请住在这里，明天把你们交给中国方面吧。”对方这样说，将我们关在了那里。那地方好像是值班室。这样就能回中国了！松了一口气。数日来的紧张一下子烟消云散。热腾腾的面条端出来，已经感到饥肠辘辘的我们很快地填满自己的胃。从不安和紧张中解放出来，疲劳压得眼皮越来越重，只想早一点睡觉。

尚在似睡未睡之间，所以应当是9点前后。

“过来一下。”有人喊。被告知明天早上送还，本来已经彻底放下心来的我们，现在又感到不安——又要问什么吧？说不准是询问有关料理店主人的情况。不过，有必要在入夜之后进行调查吗？这样满怀疑惑进了审讯室。

还是白天那位官员，看上去三十七八岁。说起来还是一位让人感觉到温和的人。重复了白天问过的问题之后，用温和的语调问：“不是想回日本的吗？”

“想回去。不过，现在知道回不去，所以就不再想了。”

“没有回不去的事。只要到了南朝鲜，就通行自由了。需要我们帮助筹划一下吗？”

但是，先逃走的两个人都已经被抓住了，我们不认为逃回日本的事情是可能的。

“不用了。我们已经下了回中国的决心。”我们重复说。

但那位官员又说：“不过，好不容易眼看着就能回日本，想帮助你们回去。我直接给你们办手续吧。这里有没有可以留你们住一个晚上的熟人？”

被他这样一说，我们心里又涌起思乡之情。如果警备队的人对我们网开一面，也许没有问题。我们开始这样想。

不过，真的没有问题吗？如果能够回去的话，还是想回去。刚刚下定的回中国的决心又动摇了。已经无法进行冷静的判断，立即回答说：“也不是没有可以借宿的人家，不过……”

“这样的话，送你们去那里。抓紧收拾一下。”

被这样一说，我和远藤考虑投奔原来住在我们宿舍后面、经常给我们朝鲜泡菜的那家朝鲜人。

官员随着值班兵出来了。我们感到有些奇怪，本来，值班兵一个人送我们就够了。过了广场，卫兵说是万一碰到什么人会有麻烦，让我们往河堤方向走。中途来到一个有碉堡的地方，官员对值班兵和远藤说：“你们两个先去，问一问人家同意不同意。我们在这里等着。”觉得有些奇诡，但还是照他说的做了。

尽管是5月，朝鲜的夜风依然冷。

官员说：“冷，在里面等吧。”

说着进了碉堡。我背对着风，站在碉堡入口的外面。突然，官员粗暴地抱住我，把我往碉堡里面拖。我已经感觉到奇怪、开始戒备，急忙扒住碉堡的墙。手指找到入口处的能够抓住的地方，死命抵抗着……

期盼着远藤早一分钟归来。十分钟以内应当回来的。在她回来之前我竭力抵抗着。指尖擦在水泥上，疼……

终于听到了脚步声，官员放开了手。

“同意接待她们。”值班兵报告说。而官员却像没有听到一样，匆忙地说：“回去。”抬腿就沿着来的路往回走。我身上的力量好像被抽空了，几乎要倒下来，但终于忍住，抓住一无所知的远藤的手，跟在她后面。值班兵好像是被吓呆了，也一声不发地在后面跟着。

对方沉默着，把我们带回原来的房间。手腕发麻，惊恐和兴奋尚未平息。我把事情经过告诉远藤，终于稍微平息下来。手指上的血迹已经凝固成黑色。

是我们自己给人留了空子吗？即使到了现在，依然为自己的愚蠢和无知感到后悔。如果对方的图谋得逞，将会是怎样的后果？当时想到这些就毛骨悚然。

恐怖之后神经高度兴奋，未曾合眼天就亮了。次日一大早，我们就被交还给中国方面，头天晚上的事情像是一场噩梦。原来的那位官员没有再露面，对方的处理是事务性的，好像什么都没有发生过。

穿护士服的本间雅子，那时候一位中国军医爱上了她

料理店的主人就住在不远处，他给了我们不遗余力的关照，但在我们离去的时候连一句感谢或抱歉的话都不能对他说，我们感到遗憾万分。更何况，对他怀有的一丝疑虑曾经使我们羞愧难当。我们在心里祈祷着不要给这些人添麻烦，又一次离开了朝鲜。

即使是现在，每当回想起那时候的事还感到心中发热，我一生都无法忘记那些关照过我们的人。而且，那种自己独自出逃的悔恨，现在依然像针一样不时刺得我心口发疼。

回到中国的临江，我们以为会被调动到附近的医院。离开医院之后已经过去了一个月，原来所属的医院已经前进到很远的地方。可是，正巧有一个小队要到那里去，我们被交给他们送还原来的医院。

也许是因为这个小队是送货物的吧，我们有时候坐送货的马车，有时候步行，夜里就住在老百姓家里。房间里有两条火炕夹着通道的情况下，夜里睡眠的时候就分为两边，我们两个人睡一边。一条通炕的情况下，我们两个人就睡在炕的一头。士兵有六七个人，但没有不检点的行动，而是多方体谅、照顾我们女性。不知道他们是否知道我们的情况，我们虽然感到愧疚、痛苦，但还是接受着他们充满好意的关照。

一个多星期的行军之后，我们回到了原来所属的医院。在全班人的面前，怎么也抬不起头来。一声“对不起”之后，就不知说什么好了。

“太好了！太好了！你们走后真寂寞呀。上级说你们很快就会回来，原来是真的！太好了！”大家说笑着迎接我们，态度一如从前。

被负责的所长喊了去。本以为会受到训斥，但连一句责备的话都没有说。

对我们的惩罚是扫一个星期的厕所。其他人从早到晚忙于工作的时候，我们的工作早上花一个小时的时间就干完了。工作轻松，但作为惩罚，比起重体力劳动更让我们感到痛苦。我们处心积虑，选择没有人的时候偷偷摸摸地出去，急急忙忙把工作做完，然后羞愧地把自己关在房间里。

对于班里的同伴们，我们觉得自己自私，但是，对于医院，记忆中好像没有感到怎样的抱歉。自私、任性地解释说逃走是为了表示对不能回国的不满。尽管如此，面对相信我的所长我还是觉得面子上过不去，在走廊里碰到，就低下头走到一边。所长对我说：“谁都有犯错误的时候，不必在意。”胸襟开阔的王所长的笑容现在依然浮现在我的面前。

感觉中一周的惩罚是漫长的。惩罚结束之后，我们终于能够轻轻松松、心情舒畅地回到正常的工作状态。

就这样，出逃一个多月之后，本间雅子和远藤恭子又回到了解放军野战医院。这种回归不仅仅是外在的、组织形式的，同时也是内在的、情感上的。在随后到来的1947年夏天，她随医院到达吉林省的柳河，辛勤地为在攻打四平的战斗中负伤的解放军官兵服务，并参加了“整训”——政治学习。教员是被解放军俘虏之后改造过来的日本人，教材是上下两册《资本论》。从此，她的思想发生了根本性的变化……

我会在下文讲述本间雅子故事的另一半。

七　在天山庄看中国地图

采访“回想四野会”的成员之前，我就计划回国之前到关西的京都去见一位日本战败后在中国山西参加解放军、名叫柳邦男的老先生。5 月 14 日石和镇的晚宴上与小池光郎先生邻座，这又成为我得以在京都参加桓仁会活动的契机，关西之行的内容也因此变得丰富。

小池光郎 1928 年出生，今年（2002）已经七十四岁了。解放战争时期他在原冀察热辽军区工业部工作，现在住在长野县的一个小镇上。那天的晚宴上他坐在我的左边，很少吃东西，拿着一个数码相机，不时地给大家拍照。他的门牙有点往外龇，看上去似乎一直在微笑。事实上他也确实是一位朴实、谦和的老人。长野县是山区，长野县的人似乎都有一些山民的朴实。得知我在寻访“日本老八路”，他告诉我一个叫作“桓仁会”的组织当月 20 至 22 日将在京都郊外的龟冈举行集会，希望我去参加。他说桓仁会的成员都是参加过中国的解放战争和新中国建设的日本人，他本人也列名那个组织。而我与柳邦男先生约定的时间正巧是 21 日。这样，提前一天去京都，桓仁会的活动可以参加一天。

当时我觉得许多事情似乎真的有上帝在安排。

5 月 20 日下午，我如约在京都车站的站台上等候桓仁会的一行。最先到来的除了小池光郎，还有另外两位老人，一位叫梶川幸一,一位叫青木朝雄。这两位都比小池年长，年龄在八十岁上下。

梶川先生是一位瘦高的老人，戴着眼镜，看上去有些文弱。我从石和回到东京之后曾接到他的电话。他负责集会的组织工作，算是会长。问他“桓仁会”这个名称的由来，他说会员大部分是在中国东北辽宁省的桓仁参加共产党的部队，所以叫作“桓仁会”。不过，日本战败的时候梶川好像不是在桓仁，而是在山西。因为他管理过日军抓获的阎锡山士兵。

青木老人身材高大，头发灰白，面色红润，但驼背，腿脚不方便，拄着拐杖。他的牙掉了许多，说话跑风，笑的时候像咳嗽，耳朵也不好，和他谈话有些困难。他说他是昭和十八年（1943）去中国，日本战败后被铁道队（应当是解放军的工兵部队）征用。出乎我预料的是，他说日本投降时他很高兴。问他为什么，他说他当兵的时候就有病，住过院，出院之后还要修铁路，太辛苦。战争一结束，就再也不用那么辛苦了，所以高兴。

桓仁会的成员们是从日本各地向京都集中，等到 3 点左右，人才渐渐到齐。成员中仍以老太太为多，这显然是因为当年解放军从滞留东北的日本人中征用了许多女护士。

等人的时候，小池对我说：“这里有一位叫立木洋的先生，是前国会议员，现在因病退下来了。我给你介绍一下吧。”

于是他把坐在站台椅子上的一位西装革履的老先生介绍给我。得知我是中国人，立木先生熟练地说起了汉语。原来他曾经在中国东北生活过很长时间，并在 1957 年春入东北人民大学政治经济学教研室学习了一年多。他没有参加过解放军，也不是桓仁会的成员，这次是陪他参加过解放军的夫人来参加活动。立木先生身材偏矮，但精神抖擞。西装革履地站在一群老头儿、老太太之间，很显眼。小池介绍之后我想起来了，五六年前在东京留学的时候，我大概在街头看到过印有他头像和姓名的竞选海报。无怪乎“立木洋”这个名字听起来觉得熟悉。

人员基本到齐，大家便乘山阴本线的电车去天山庄。

电车往京都西北郊的山里开去的时候经过嵯峨野，我不由得记起五年前的一次京都之旅。不远处就是保津川，那次是偕妻子从保津川北岸往上游走，特意到岸边的公园里看了周恩来的岚山诗碑。

大约三十分钟之后，跟随桓仁会一行从龟冈车站出来，换乘已经前来迎接的天山庄的大面包车。面包车开了十几分钟，便到了天山庄。天山庄是一家温泉旅店，建在山峡中，背靠碧绿的山，门前一条从山中流出的小溪，安安静静。周围山高，连手机信号都消失了。离京都不过半个多小时电车的路程，却好像进了另外一个世界。那确实是一个适合老年人休息、回忆往事的地方。

我被安排和小池光郎、立木洋以及另外一位名叫达金次的老人同住一个房间。达先生也是高、瘦，眼睛有些眯缝，稀疏的白发往后梳得一丝不乱，知识分子味儿十足。但他讲话的时候口中像是含着什么东西，语调怪怪的。开始的时候我以为他是在和我开玩笑，后来才知道他讲的是日本东北方言。他当年也是作为“卫生兵”参加解放军的。

日本人住温泉旅馆的习惯是放下行李先去洗温泉，这些人也不例外。洗了温泉回到房间，在榻榻米上坐下来，沏上茶，开始闲聊。

抗日战争结束后，国民党向解放区进攻、战争全面爆发是在 1946 年 6 月，但在东北的安东（即现在的丹东）一带，国民党军队向共产党军队大举进攻是当年的 10 月 14 日。这个日子立木洋记得很清楚，开口就说了出来。那时候，1931 年出生的立木洋只有十六岁。他是在被共产党政府接收的造纸厂工作。国民党军队开始进攻的时候，他随政府从安东往朝鲜境内撤退。敌兵一直追杀到鸭绿江边，在过江的船上，为了躲避追兵射来的子弹，他们都把身子伏下来。渡船过了江心的国境线，追兵就停止射击。第二年林彪的部队大反攻，安东解放，他又回到造纸厂，参与重建被国民党军队破坏的造纸厂，十七八岁就当了厂工会副主席。

说到这里，他居然认真地唱起中国歌来：“解放区的天是晴朗的天，解放区的人民好喜欢……”，说是当时大家上班都唱这首歌。

由于父母的工作关系，立木先生是出生在朝鲜，日本战败时他只有十五岁。我问日本战败时他的情形和感想，他说那时候他是在安东造纸公司的宿舍里。上面通知说有重要的通知，但没有听清。得知日本战败，他觉得难以置信。“神国是不可能被打败的——当时学校一直进行那种教育。”

旅店的老板娘通知说晚饭已经预备好，于是众人集中到大餐厅。众人围坐在榻榻米上，其中除了我似乎没有七十岁以下的人。

梶川站在一边讲开场白，说是今年聚会是第二十四次，感谢大家来参加，各位年事已高，今后尽量选择铁路沿线、易于大家行动的地方。然后说是哪一位会员三月份去世了。“现在的状态是，好像每一年都有人去世。”

听了他的话，我切实感觉到他们这一代人的生活在渐渐变成历史。

老年人的聚会比较随意，象征性地举起酒杯说一声“干杯”之后，大家就开始边吃边聊。

梶川郑重地把第一次参加活动的立木先生和我作了介绍。有圈外的人参加他们的活动，他们好像很高兴。

左边一位姓冈川的老妈妈带着歉意对我说：“日本战败之前，我们对中国人、韩国人是霸道的。”原来她也是作为“满洲新娘”去东北，那是在昭和十五年（1940）。1946年在东北参加解放军，一路南行走到汉口，然后从汉口经上海回日本。经历与本间雅子类似。算起来，如今她的年龄至少在七十八岁，但看上去六十五岁上下。

右边是一位名叫山田守的老先生，他告诉我他当时是给八路军当军医，解放军的一本什么书上写到他。

晚餐快要结束的时候，他们唱起歌来。和“回想四野会”的人唱的一样，都是战争年代的老歌：《解放区的天是晴朗的天》，《没有共产党就没有新中国》，等等。一唱歌，餐厅的气氛马上热烈起来。这可能是因为歌声使他们回到了青年时代，那稍微有些异样的汉语发音使他们变得“幼稚”。

我问：“你们只唱歌，不扭秧歌吗？”

回答是：“我们扭。”

一边回答着，都站起来，笑着、唱着围成一圈扭起来。小池光郎别出心裁地一手拿一个空酒瓶，一扭一扭地走到秧歌队伍中去，大家的笑声高起来……

晚餐后，众人集中到一个大房间里，拿出一张很大的中国地图，铺在榻榻米上，告诉我他们当年的行军路线，让我帮助他们确认一些地名。地图上有他们画的不同颜色的虚线，虚线在山海关外绕来绕去，入关之后往南，经过山东、河南、湖北等地，一直延伸到广西、海南岛、广州各处，纵贯中国。那是他们在中国留下的足迹。红线好像是代表步行的路段，蓝线是乘车经过的路段，用铅笔标的虚线是他们推定的行军路线，因为他们当时随大部队行动，不熟悉周围的环境。但中华人民共和国宣告成立的时候自己是在什么地方，他们都

桓仁会的老人们在榻榻米上看中国地图

记得很清楚。大都是在湖北、河南、江西一带。

我问："那时候抗日战争刚结束，你们作为日本人，在中国各地走，没有出什么问题吗？"小池说基本上没有问题，因为大家是随部队行动，穿着解放军军装。但经过河北等地的时候，上级告诉他们尽量不要说日语，不要让当地人知道他们是日本人，因为冈村宁次曾在那一带搞"三光政策"，当地老百姓非常仇恨日本人。

他们知道我在查询有关方面的资料，所以好几位老太太带来了旧照片、功勋章、纪念章、自己写的回忆录等。功勋章之类的，我在中村先生家已经看过许多，但一张四位美丽的年轻女子打腰鼓的旧照片引起了我的兴趣。她们说照片上的青年女子都是日本人，照片上拍的是欢迎、欢送解放军战士时的情景。

一位老妈妈看着照片，有些激动地说："年轻、精神劲儿好的人被选出来。行军的时候，我们经常这样，鼓励军队。好多解放军士兵，受到我们的鼓励之后上前线。我们比部队先到，等着部队到来。部队来了，就这样。我们和中国人民解放军一起战斗过，那是我们的青春。"

出乎我预料的是，照片上的两三位当天都在天山庄，其中有一位就是晚餐的时候坐在我旁边的冈川。异乡的青春早已离她们远去，照片上那样美丽、青春焕发的少女们变成了身边的老太太。

"现在中国很少有人知道我们。"一位不知名的老妈妈不无遗憾地说。

我问：“共产党的军队是中国人，国民党也是中国人。你们作为日本人参加八路军，当时觉得国民党是自己的敌人吗？”

一位老太太说参军之初并不知道，过了很久才知道。

这时候一位老妈妈插话说：“知道的，知道的。敌人是国民党，开始时就知道的。国民党跟着美国，有很多武器，物资也多。八路军衣服破旧，一人只有一条枪。那时候看了八路军的情形，心想：这能行吗？”她说话很快，但发音和思路非常清晰。“国民党军队进攻的时候，我们一直退到朝鲜。用担架抬着重伤员。八路军战士，真可怜啊。现在想起来还要掉眼泪。重伤员，想吃大米饭，没有。快要死了，大米饭也吃不到。烧开水，没有柴草，我们自己到山里打柴。用锯子锯树。锯子，你知道锯子吗？往回拖木柴倒是不累，因为是冬天，路上结着冰……八路军伤病员，真可怜啊。现在想起来还要掉眼泪。”

我问她的名字，她改用汉语回答：“我姓沟胁，叫沟胁千年。”

从沟胁的谈话中可以看出，她对解放军战士充满感情。她还告诉我，有一位叫水口春喜的日本共产党干部，写了一本介绍“伪满洲建国大学”的书，读了那本书可以了解“满洲国”的一些事情。并说水口的夫人是她的朋友，如果需要的话她可以把那本书寄给我。

和对八路军士兵的感情完全不同，谈及朝鲜人，他们评

桓仁会成员在天山庄合影。后排右一为小池光郎、右二为本书著者，前排右一为沟胁千年

价不好。众人看地图的时候，山田守先生半躺在旁边。他说刚被八路军征用的时候他们日本人只想回国，有一次他带领医院里的日本人集体逃跑，一直跑到朝鲜境内。

他说：“朝鲜人，不好！”

旁边一位老太太大概是当时一起逃跑的，了解情况，补充说：“当时我们还给了他们钱。”

不过，我觉得当时朝鲜人对待日本人的态度之中一定包含某些历史记忆。朝鲜 1910 年被日本吞并，朝鲜人饱尝亡国奴的痛苦，在日本战败后难免对日本人怀有报复心理。中村义光等人在日本战败后被朝鲜人冷眼而视，本间雅子逃跑途中险些被朝鲜人强暴，均非偶然。

山田先生逃跑不成功，被抓回去之后，随部队一直走到广西柳州，最后服务的部门是解放军铁道司令部。他告诉我当时他的上司是抗日英雄王明贵，说：“你知道王明贵吗？日本军队曾经悬赏要他的头。这个人虽然不识字，是文盲，但非常聪明。”

后来，在成冈睦美给我的一份复印件上，我也看到了王明贵的名字。复印件是从天津人民出版社 1993 年出版的《中国人民解放军历史上的 70 个军》上复印下来的。东北野战军第十纵队在 1948 年 11 月被改编为第四十七军，原东北军区独立第八师调入该军，改称步兵第一六〇师，师长就是王明贵。

看完地图回到房间里，已过 12 点。晚餐时剩下的酒被他们拿回房间，接着喝。我这才记起自己带去的一罐绍兴酒，便

本书著者（右）在天山庄门前与立木洋（左）、梶川幸一（中）合影

拿出来给他们助兴。似乎是从小池的介绍中，我知道立木先生是日本共产党的国会议员。在日本留学期间我曾经与不少日共党员接触过，折服于他们的修养和党性原则，觉得他们保持着纯粹共产党员的优秀品质。我感到不好理解的是，日共是日本政坛的主要在野党之一，其主张很得民心，然而某些党员却有意无意地隐藏自己的党员身份。现在和日共议员住在一起，又喝了一点酒，可以随便一些，我便就此事询问。立木说那是因为战前日共确实有“左”的问题，现在日本社会一些人没有真正了解日共，党员如果公开自己的身份要做一些解释，所以党员们一般不主动公开身份。我告诉他们七年前我曾经考虑加入日共，但日共不接受外国人，故未能加入，于是小池笑着对我说：“我们三个都是共产党员！”原来，立木先生和达先生的党龄已经将近五十年，即将领到入党五十周年的纪念章，小池居然也已经有四十二年的党龄了！

身边居然是三位日共老党员！

立木说他是 1974 年第一次当选为国会参议院议员。1958 年 5 月之前他一直在中国，在日本社会没有太深的根基，不为日本人所知，要想在全国当选很困难。后来能够当选，从中国归来的同学、友人的支持起了很大的作用，但起决定性作用的还是日本共产党的力量。在任二十七年间，他主要是处理外交、防卫等方面的问题，对现在日本的外交政策他从根本上否定，说：“日本的外交政策是追随美国，这从根本上就错了。”问他在中国的工作经验是否对他回到日本后的工作发挥了作用，他回忆起了回国之前东北人民大学的校长匡亚明在为他举办的欢送会上讲的一番话。匡校长说："您参加了中国革命和社会主义建设，获得了非常宝贵的经验。但是，在日本进行变革社会的革命活动的时候，如果直接搬用在中国学到的东西，那是不行的。日本有日本的社会条件，回到日本之后，重要的是在正确的党的领导下开展工作。"

谈起这件事，立木似乎还有些感慨，说："这话让我受感动。他没有要求我'按照在中国学的去做'！"

现在想来，匡校长的这番话只不过表现了一种朴素的"理论和实践相结合的精神"，立木说自己受感动、强调这话的意义，可能是对我这个中国人有所暗示吧。因为1966年曾经发生过中共对日共的"干涉事件"，从那以后两党关系陷入低潮，直到二十二年后的1998年才重归于好。

第二天吃早饭的时候，我正巧坐在沟胁千年的旁边。她是一位很健谈的人，说："我是日本人，日本是我的第一故乡，中国是我的第二故乡。但是，从思想上来说，中国是我的第一故乡。"

我问："您是说受了毛泽东思想的影响？"

她回答说："不是。主要是刘少奇的影响。那时候我觉得共产党的理论家是刘少奇，不是毛泽东。刘少奇的《论党》《论共产党员的修养》，我都学过。"

她还告诉我解放战争时期他们日籍医务人员随军南下的时候，途中帮助一家农民接生。那家农民生下一个女儿，为

建国初期的日籍解放军战士，这张照片带回日本的时候，上面的文字被剪掉了

了感谢日本友人、表示中日友好，那家人给刚出生的女婴取名樱。这和二森范子所属的医院在山东农村帮助接生很相似。类似的事情当时也许经常发生。

已经约定下午一点半前后去拜见柳邦男先生，上午还想到京都市内的名胜二条城看一看，所以早餐之后我就与众人告辞，返回京都。

八　柳邦男：永远的“中国情结”

得知京都有一位参加过解放军的柳邦男先生，纯属偶然。

2001 年，我一直担任东京《留学生新闻》的主编。当年 6 月下旬，大阪的一位作者写信来提意见，说是前一年他参加《留学生新闻》的征文活动，投了一篇稿，一直没有回音。后来他到北京开会，偶然在报摊上买到 2001 年第 1 期《读者》，看到上面有他那篇文章，文后注明转载自日本《留学生新闻》2000 年 10 月 1 日号。原来是《留学生新闻》采用了他的文章却没有通知他，也没有给他寄样报、稿酬。他在信中建议《留学生新闻》尊重作者、改进工作方法，并随信寄来了被转载文章的复印件。《留学生新闻》社在东京，《读者》杂志社在兰州，隔着十万八千里，这位作者又是住在大阪，去北京开会。就是说，从他在大阪把文章投寄出，到他在北京的街头无意中与自己的文章相遇，他和他的文章都经历了一个巨大的空间转换。这么巧的事被他碰着了。《留学生新闻》社的运作比较正规，漏发稿费之类的事情很少发生，也被他碰着了。

这位作者信封上的名字是芦川北平，而发表文章的笔名是痴公。从文章内容来看他是一位医生，年龄在六十岁以上。他的文章很有个性，字也功力深厚，盖在信后面的“痴公”印章更是精妙绝伦。事情发生在我到任之前，但我还是写信去表示道歉，并请他继续赐稿。随后经常打电话、通信，虽然没有机会见面，但成了忘年交，我对他的身世也有了一点了解。

痴公果然是一位“奇人”——奇特并且有些奇怪。纯粹的日本血统，父亲在1905年日俄战争时期就是日军军官，后来到北京，醉心汉学。他生长在北京（当时叫北平），所以父亲给他取名“北平”，并让他接受正统的中国文化教育。由于家庭背景特殊，“文革”中他历尽磨难，“文革”结束后恢复日本国籍回日本的事，曾经牵动中日两国外交部门和国家领导人。日本血统、日本国籍，但满口标准的“京片子”，日语倒成了外语。他的中国文化造诣很深，诗词、书法、篆刻俱精，如果是在大陆，当个教授、博导绰绰有余。痴迷于京韵大鼓之类的中国曲艺，故自名“曲痴公”，简称“痴公”。

痴公以文会友，给我寄来许多文章，署的笔名五花八门，有的近于恶作剧，诸如“王二秃子”“老病婆”之类。其杂文有鲁迅式的尖刻，又多了些肆无忌惮，他说这是他自创的“疯体文”。我给他在《留学生新闻·自由谈》版开了一个《痴人疯语》专栏，每期发表一篇“疯体文”，颇受读者欢迎。“痴公”像一颗新星在《留学生新闻》上升起，甚至有老读者怀疑“痴公”是李长声的笔名，因为在日本华人界的文人圈子里李长声以笔力老辣著称。有的“疯体文”疯过了头，读者才知道确有痴公其人。

痴公寄来的文章中，有一篇就是在日本另外一家有影响的中文报纸《中文导报》上发表过的《日本的老八路——柳邦男先生素描》。文章很短，大概只有一千五百字，但展示了一个朴实、热诚、善良的日本老人形象。柳邦男请痴公夫妇吃饭，给他们每人点了一份六千日元的套餐，自己却只要了一碗面条，说是“艰苦惯了”。他自己当苦行僧，在自家的院子里种菜吃，但帮助中国留学生却慷慨大方，受他关照的中国留学生多达四五十人。有“梅花王”之称的中国著名国画家王成喜的巨幅梅花图，也是由于他的努力在中曾根当政时期挂进日本国会大厦。“梅花王”亦从此成为世界级画家。朋友聚会时有人要他唱歌，他经常唱《三大纪律八项注意》。

既然寻访“日本老八路”，就不能不见柳邦男先生。回国之前也要与神交已久的痴公见一次面，所以就安排了京都之行。

柳邦男先生家住京都市左京区的吉田神乐冈。那天上午游览了二条城，然后乘地铁到东山，从东山步行去柳家。知道柳家所在的街区，并不知道门牌号，对京都又不熟悉，不时要问路。问了几次之后，发现不少京都人并不说标准语（即日语普通话），而是说京都方言。“si”变成“su”，语尾经常加“wa”，听起来颇为别致。京都人显然是以京都方言为荣的，大概和上海人以上海话为荣一样。但京都人非常热情，在京都不会发生“问路收费”的事情。

在二条城的地铁站，我说出要去的地方，一老一少两位男职员便忙着拿出几种地图查找，并送给我一张简易地图，在上面标明下车的地铁站。从东山去吉田神乐冈的途中，在小街迷了路，向街边一位大妈打听，立刻便有三四位大妈围过来。打通柳家的电话，接电话的是柳先生的夫人，然后我把电话交给身边的一位大妈，让她告诉柳夫人我当时所在的位置。按照大妈们的指引往前走，走过一个橘黄色的邮筒，街边一位老年女士迎过来，试探着问：“您是东京来的董先生吗？”她就是柳夫人。随她走上一道斜坡，来到半山腰一座古色古香的二层木楼前，她说“到了”。

柳先生尚在午睡。我坐在客厅里，窗外是一个洒满阳光的小菜园。远处是一道绿色的山峦，山体最高处的树丛中有一个巨大的草坪，绿色的草坪上露出土的地方形成一个巨大的“大”，那就是京都的几座“大文字”山之一。每年盂兰盆节次日夜，人们聚集在山尖，将摆放成“大”字形的木柴点燃。那是送神火。浓浓的夜色中山巅一个“大”字在燃烧，十分壮观。从柳家的客厅里就能够看到京都夏夜那道著名的风景，这座房子显然不是一般人住得起的。

柳邦男先生出来了。

八十多岁的老人，身材偏矮，干瘦，谢顶，行动有些迟缓，但脸色红润，目光炯炯。

“啊——，辛苦了！”开口就是中国话。像是对待老熟

柳家的院子里种着菜，八路军作风在这里延续

人，没有一点陌生感。

“不辛苦，不辛苦，”我一边回答，一边问他的夫人，“‘辛苦了’，您明白吧。”

柳夫人不停地笑着说：“明白，明白。一有中国客人来，他就很高兴！”

我指着窗外的菜园问：“那就是您现在种地的地方吧。”

柳先生回答道：“我哪，这是保留八路军的作风。”

问：“就是说，您在中国的时候也种过地？”

答：“那时候啊，什么都干。种地，盖房子。”

八十多岁的老人，离开中国已经那么多年，还能说汉语。讲得比较慢，但发音很标准。而且，他讲汉语的愿望好像很强烈。

柳夫人有些自豪地说：“他说中国话的时候，日本人都以为他是中国人呢。”于是采访用汉语进行。

问：“您去中国是哪一年？”

答：“昭和十六年。日本投降以后，我在太原。军阀阎锡山，他喜欢我们日本军队，很优待。打八路军的阎锡山。可是，那时候我没有参加军队，在化学工厂，做技术方面的工作。”昭和十六年即1941年。柳先生的思维跳跃性很大，一下子就从1941年跳到抗战结束。

问：“去中国的时候您是什么身份？”

答：“当兵。唉——”他好像是陷入了回忆，叙述更加缓慢，“那时候啊，征兵的时候哪，我是有问题的人。在日本，上大学的时候，有中国的留学生。我和他是朋友的关系。日本的学校，很差别（歧视）他。所以，我对学校方面抗议。所以哪，大学毕业，在部队的时候，我就是有问题的人。和中国留学生关系好，就是有问题的人。日本政府说，有问题的人，要压制。军队里边哪，考试，升级，我没有资格。”

原来他大学时代就是一位有正义感的青年，并为此付出了代价。问他是否还记得那位中国留学生的名字，回答是“我忘记了”。他上大学时学的是化学专业。

柳邦男生于1921年1月26日，1941年1月参军去中国的时候，整整二十岁。他的大学时代，显然是在1937年“七七事变”发生之后。在当时，一个日本青年对中国人怀有好感，应当是少见的。问及原因，柳先生回答说：“在那之前哪，本来，我的母亲对中国很有好意。所以，我关心中国，在大阪的一个外国语学校，学说中国话。”就是说，去中国之前他已经开始学习汉语。

“中日打仗的时候，我的心里，不满意。应该是和睦的关系！所以，我学中国话。那对我的一辈子，很有意义的，”说着他得意地笑了起来，“参加军队的时候，我是有问题的人，是左派，所以，送我去不好的地方。去了山西省。那时候哪，日本的军队里，有中国的地下工作员，做饭的是地下工作员。他们不知道，我知道。我就和他谈话，交朋友的关系。后来，我提意见了，我说，中日打仗不好。那个工作员就说：哎？这个柳邦男，对中国人，和一般的日本人不一样哪！他就说，那个地方是山里，环境不好，没有水，有井。哎呀，井很深的。日本人用的，有机器。我就去和他们谈一谈，大家一起来取水吧。哈哈哈，就大家一起取水了。”

柳夫人插话道：“这都是托会说中国话的福。”

这显然是日本侵华时期一个日本兵和中国人相处的故事。他调节日本兵与当地中国居民的关系，允许中国居民到同一口井里打水。从柳邦男后来的叙述中，我知道故事发生在山西的榆次。他应征入伍被送往中国，最初去的地方是榆次。

与化装成伙夫的中国情报员建立起信赖关系之后，他提出了要求：“我到你们军队看看吧。”

对方说：“请你来吧。”

于是这位二十多岁的日本兵偶尔到国民党的军队去走动。当时他是当炮兵，因为不希望中日交战，所以打炮的时候，他便有意让同伴把炮打偏。

问：“那样很危险吧，上级不知道吗？”

答：“这个是保密的。要是知道了，危险。可是，日本的上级马马虎虎的。”说着他笑了起来。

问：“当时，你们的对手是国民党还是共产党？”

答：“国民党。山西省，阎锡山，还有共产党，很复杂的！”

问：“那时候日本军队里会说中国话的人不多吧，他们没有让你当翻译？”

答：“我不愿意。中日打仗，我心里，原来（本来）反

柳邦男得意地展示他用中国酱油、中国醋做的酱菜

对。当日本军队的翻译，我不愿意。我自己行动！”说到这里他喊起来，“孩子他妈，给我点啤酒！”

外面有水暖工给他们家改装房子，柳夫人刚刚离开。他说他年轻的时候又喝酒又抽烟，绍兴酒、茅台酒都喝，现在年纪大了，就只喝啤酒了。

柳夫人回来，似乎是不乐意让他在客人面前喝酒。他一定要，才勉强给他倒了一杯。

问：“从1941年到日本战败，五年间您一直那样生活？”

答：“当兵，一般兵。大学毕业的时候，有问题的人，升不上去，老当兵。”虽然一直在山西，但日本战败前他换了三个地方。从榆次到临汾，后来又到河津。他用笔在纸上清楚地写下了这三个地名。

去拜访柳邦男之前芦川先生就提醒我，柳先生年事已高，许多事情都已经记不清楚，要问他夫人。这时候，柳夫人果然提醒他说：“过河的事情，狗救了命，派你去解放军那里，队长的事情……”柳先生却只记得啤酒，说是再要一杯啤酒。夫人拿来啤酒，他接着说的是日本战败时候的事情。

“日本投降的时候哪，我在河津。日本军队不告诉我们！我们不知道。可是，国民党的人来握手了。他们找我。柳邦男！找柳邦男！柳邦男在哪里？哈哈哈。”这样叙述的时候，他的表情和语调都很生动，“哎？这是什么意思？知道了（战争结束），和他们握手。”

问：“知道日本投降的时候，您是怎么想的？”

柳邦男与柳夫人。拍照之前夫人特意给丈夫穿上一件西装

答：“高高兴兴的！好了，不打了。”

日本宣布投降后，柳邦男随部队从河津调往太原，但并没有回国。关于当时的情况，他回忆说：“太原有个日本司令部，和阎锡山合作。阎锡山，本来在日本留学过的，和日本有友好的关系。可是他是一个军阀，所以八路军打倒阎锡山。阎锡山优待我们，不让回国。我们军队的上级和他合作。日本投降的时候，山西日本兵有五万人，帮助阎锡山，打八路军。可是我心里不愿意。我参加（进入）化学工厂，山西省化学工厂，阎锡山军队的工厂。那时候，工厂里大部分都是中国人。我对他们说，这个阎锡山不对，八路军的意见很对。他们哪——，哎？这个柳邦男和八路军一样的看法！就放心了。”

阎锡山毕业于日本陆军士官学校，1931年被蒋介石委任为太原绥靖公署主任，消极抗日，积极反共。日本投降之后他公开与日军合作的事，历史书上亦有记载。

问：“就是说，工厂里的中国人也反对阎锡山？”

答：“压迫得很哪。哎呀，太原的街上，没有吃的，吃娃娃的肉。卖肉，很穷的！”“吃娃娃的肉”柳邦男说得十分熟练，可见抗战结束后太原老百姓的贫困给他留下了难以磨灭的印象。

问：“您在化学工厂工作了多长时间？”

“何年かな？（多少年来着？）”他陷入回忆，不自觉地说起了日语，并喊夫人来帮助他回忆。显然，从中国回日本和夫人结婚之后，他经常给夫人谈起中国的事情。夫人比他

朝日会馆内的“中国物产展”

小整整十岁，所以记得比他清楚。

柳夫人说：“崔治国先生，给你准备什么来着——”

“不对，那是后来，”柳邦男否定了夫人的提示之后，记忆似乎连成了一串，“太原解放的时候，八路军进来了。很感动的一个问题哪！他们找我。我正在家里，他们打（敲）门。柳先生！他们找柳先生。送大米，送鸡蛋。日本人爱吃大米，爱吃鸡蛋，他们知道。奇怪——，他们，是胜利的一方。”阎锡山是在 1949 年 3 月逃出太原，太原解放。柳邦男说的这件事情应当是发生在 1949 年三四月间。

问：“八路军是怎么知道你的？”

答：“在军队的时候，有中国的地下工作员。我会说中国话，他们知道我的。”

问：“您参加八路军，是在太原解放的时候？”

答：“他们知道我的心理，我的想法。要我留在太原日本的化学工厂。‘柳邦男，你负责这个工作！’我就在化学工厂里，做胰子啦。”“胰子”就是肥皂。显然，太原解放之后他就参加了解放军，开始为解放战争服务。大学时期学的化学专业倒是派上了用场。在夫人的帮助下，他回忆起当班长、当劳动模范的事，并且到北京郊外的西陵参加政治学习。“哎呀，西陵，好地方哪。皇帝的别墅。”就是在那里，他受到共产党干部崔治国的很大帮助。据柳夫人说，柳邦男回到日本之后的很长时间，还和崔治国保持通信联系。

问：“您的母亲为什么对中国好？”

柳邦男有些答非所问，指着夫人说：“她的爸爸，是汉学家。所以对中国佩服。我们一家，对汉学，都佩服。你不知道吧，她的哥哥是有名的汉学家，京都大学的老师。已经退休了。”一问名字，我倒吃了一惊。原来柳夫人的哥哥名叫一海知义。这个名字我在日本图书馆里的书架上和日本汉学家辞典中多次看到。夫人显然是以其兄长为荣的，从书架上取下几册一海先生的著作，从中拿出一本很旧的，说：“这是我哥哥二十几岁的时候出版的书。”

夫人又提起掉进河里的事情，说：“当地下工作员的时候，受大家的委托，见八路军的大干部，喝醉了酒……”

我想那可能是柳邦男在中国的十四年中最具传奇色彩的部分，便不再说话，让柳邦男静静地回忆。

他边想边说：“阎锡山的时候哪，和八路军打仗。听说，解放军那里日本人多，这下子矛盾了。所以，我到解放区去，要和那里的日本人谈一谈。可是，阎锡山的地方，都有军队，不能出去。没有办法，有一个什么河，大河，（陷入沉思）……汾河！游水过去，对面是解放区。老百姓救我，我没有衣裳。他们说，你是哪里人？我说我是日本人。他们说，送给你衣服吧。后来报告八路军上级，他们很欢迎。一个农村的学校，开欢迎大会！他们很伟大的。说，你不愿意回，也行。愿意回，也行，随便。他们是前方，前线。我说要见后方的日本干部，他们说后方很远哪，你先回太原。我说回不去的，他们说没问题。没问题，奇怪得很哪。拼着命，送我回来。”

这段叙述不太清晰，按照历史背景推算，应当是在太原解放之前，国共内战爆发的时候。他不愿意留在和八路军打仗的阎锡山那里，所以渡河去解放区。可能是八路军让他做留在太原化学工厂的日本人的工作，才通过关系将他送回太原。有了这段交往，八路军进太原城的时候才会去找他，给他送鸡蛋和大米。这只是我的一种推断，已经很难证实了。

昭和二十九年（1954），柳邦男从太原经天津返回日本。当时滞留中国的日本人回国主要有两条路线。一条始自上海，一条始自天津。

“哎呀，在天津的港口，解放军欢送，流泪的！”从他的语调，仍然可以感觉到当时热烈欢送、依依惜别的场面。

和当时回国的许多日本人一样，回到日本他也是从濒临日本海的舞鹤港上岸。“回来的时候，日本没有什么欢迎的。”他说。相反，由于在中国受了解放军的教育，反而遭社会冷遇。

柳夫人插话说：“被毛泽东思想洗了脑回来，是危险分子。”

但是，柳邦男的母亲却是另外一种态度。

“我的母亲哪，想不到我能回来。战后十年。我告诉母亲在中国的事情，她对我说：‘你以后不要结婚了。应该报恩中国。中国对你，父母亲也不会这样的。解放军很伟大。所以，以后你真心实意地、全心全意地、为中国，为中日友好……’

柳邦男真的开始“报恩中国”了。回国那年他三十四岁，没有工作，却到一家书店去卖《人民中国》《人民日报》《中国画报》等中国书刊，为新中国做宣传。两年后又在京都市的朝日会馆开了一家中国物产店，加强普通日本人对中国的了解。父母亲给了他支撑，和父母一起住在现在住的这所房子里，生活依靠父母。经过将近半个世纪的经营，他的中国物产店已经很有名，现在位于京都市中心川原町的朝日会馆。柳邦男说：“你去看一看吧。很好的地方。”

说话间，柳先生起身，摸索着进了旁边一个房间。一会儿，端出两碗酱菜。里面有大蒜，葱，蚕豆。中国酱油、中国醋的味道立刻弥漫在客厅里。

他有些得意地说：“我自己做的。放了老陈醋。当解放军的时候学的。你吃吧。”

我拿起一截葱尝了尝，浓烈的山西醋的味道有些呛鼻子。“很好吃。”我说。

“哈哈哈……”柳先生得意地大笑起来。

柳夫人也笑起来，有些怀疑地问我：“真的好吃吗？就是味道受不了。吃了之后，满口醋味儿，全身都是。”

那味道对于喜欢清淡的日本人来说确实很难接受。看来柳夫人和柳先生结了婚，还必须接受柳先生从中国带回的生活习惯。

柳夫人的记忆力更好。像是做补充又像是做总结，她清晰地介绍了柳先生的家世。柳先生的父亲柳定雄和母亲柳节子都是日本近代大名鼎鼎的实业家，创建了著名的第一工业制药公司。现在住的房子就是他们战后不久（1948 年）买的。在重男轻女的日本社会，节子夫人可以说是一位女杰。她担任公司第二把手，有信仰并且有眼光，从来同情在日本社会受歧视的中国人和朝鲜人。柳邦男生于京都，在京都读完了小学。但他的身体较弱，父母为了让他受到锻炼，将他送回东北山形县老家米泽。柳邦男在东北读完了中学、大学，大学毕业后在大阪的长山制铁所工作过很短一段时间。学说中国话是那个时候，但很快就应征入伍到中国去了。1954 年，柳邦男回国的时候，许多人上门提亲，其中不乏大户人家的小姐，但都被节子夫人回绝了。节子夫人知道那些人不适合自己这位在中国生活了十多年、参加过“八路军”的儿子。正巧，那时正在上大学的一海知义租旁边的房子住，看好柳邦男。节子夫人也看好一海知义那位知书达理的妹妹。

说起结婚的事，柳夫人有些得意：“是婆婆看好我的。一般的家庭，总会有婆媳关系问题吧。儿子夹在中间，很为难。但是我们家没有这种事。即使和他吵架，和婆婆的关系也很好。他是个幸福的人。”

5 点多钟离开柳家，柳夫人开着一辆小面包车带我去川原町看中国物产店。七十一岁的老太太，不仅照样开车，而且车速很快。街边的人看到一辆面包车在大街上飞跑，大概想不到开车的是一位年过七旬的老太太。我记起月初中村义光先生开车送我去韭崎车站。日本是世界第一长寿国，长寿之国的人们似乎到了老年生命力也很旺盛。

芦川北平在他的诊所里（摄于 20 世纪 90 年代）

中国物产店在朝日会馆的二楼，店里摆满了中国工艺品、中国服装、文房四宝，居然还有中山装、解放军军装（当然是仿制品）、毛主席纪念章。传统中国和现代中国都集中在那半层楼的空间里。管理店的是柳先生的女儿，还有中国留学生帮忙。“中国物产展”的大牌匾是王成喜题写的。在京都市的繁华地带，这无疑是一道独特的“中国风景”。在日本古都的繁华地区制造出这样一道“中国风景”，柳邦男对中国的“报恩”只能报到这种程度。

离开中国物产店，便去大阪与痴公见面。约定的见面地点是梅田车站的一个检票口。

电话里，痴公问：“我怎么才能把你认出来？”

我说：“不用认我。看过你的照片，我能认出你。”

电话那边说：“那好，你记着，我拿了一把扇子。”

在梅田车站的检票口，看到一位精神抖擞的老先生背着提包、昂首挺胸、手持一把打开的折扇，我便知道他是痴公。扇面上是中国字、中国画，在来来往往的日本人当中，那把折扇是一种文化身份的标记。当年他的父亲作为“日本侵略者”的一员进入中国的时候，可能不会想到自己会被汉学征服，也不会想到自己的儿子会成为一个中国传统文化的符号。在这方面，芦川先生与柳邦男有几分类似。通过他认识柳邦男，似乎也是一种宿命。

晚餐的时候，痴公说：“柳先生的山西味儿中国话还听得懂吧。以前，他称中国人都是‘同志哥’。有一次，我带一位从大陆跑到台湾的老先生去拜访他，他指着人家的鼻子说：‘你是国民党反动派！’”

痴公认识柳先生是因为他的医术。他治好了柳夫人被医院宣布为无法治愈的眼疾，与柳先生也成为朋友。柳夫人年过七旬还能开车在大街上跑，有痴公的一份功劳。

“最近柳先生的精神劲儿大不如从前了。”痴公说。确实是这样。在柳先生的记忆中，甚至他自己的亲身经历都模糊了。尽管对他进行了将近三个小时的采访，但他在中国的经历对于我来说仍然有些飘忽。问他有没有在中国的时候拍的照片，他的夫人说：“有，穿中山装照的，但不知道放在什么地方了，找一找或许能找出来。”他的中国物产店已经交给女儿管理，然而他的记忆却没有人继承。这位日本兵中的“叛逆者”，这位一直怀着“中国情结”的日本人，这位整个家庭都怀有“中国情结”的日本人，在他记忆力好的时候，没有人来记录他的历史。非常可惜。

次日午后，我乘新干线“光”号列车返回东京。挑了个靠左窗的座位，那样途中可以看到富士山。东海道新干线是从富士山南侧通过，从车上看到的富士山是“表富士”。列车向东京疾驰，窗外远远近近是午后清澈的阳光，天气晴好。过了静冈，富士山突然像幻影一样出现在车窗外遥远的天空。黛色的山体几乎消融在湛蓝的天空，山顶残留的积雪淡淡地勾勒出山峰的形状。淡淡的富士山似乎是高悬在半空中，与地球无关。

古代的日本人把富士山看作“神山”，建立起“富士信仰”，也许是眼前这幅绝景触发了他们“神山”的想象吧。

如果不曾有过那五十年不友好的历史，如果再多一些桓仁会、柳邦男，日本该是一个多么美丽的国家！

九　沟胁千年的革命生死恋

日籍解放军女护士们从军期间，年龄大都在十七岁至二十六岁之间。从心理上来说正处于思春期，从生活方面来说也有谈婚论嫁的需要。但当时部队有规定，解放军官兵不准和日籍人士谈恋爱。日籍人士考虑到将来回国的问题，也大都是和日本人结婚。相原协先生因此和几千里外的高森庆子结婚，中村义光先生是和日籍女护士近藤清结婚，本间雅子也是回国途中在武汉等船的时候和同伴介绍的日本男士“闪电式”结婚。尽管如此，日籍女护士和中国人之间还是有一些小小的爱情插曲，二森范子和本间雅子都曾有过这方面的体验。

1949 年 4 月 22 日，即新中国成立之前半年左右，二森范子随部队到达天津休整，和一位名叫刘祖庆的中国护士一起被分配到一户姓陈的人家住宿。五十多岁的男主人是一位儒雅的绅士，日语很好，一问，原来是日语老师。陈家共四口人，主人夫妇之外，还有一子一女。儿子已经在大学当讲师，女儿淑惠长得很漂亮。淑惠常常带二森范子去看电影，影片有《白毛女》等。看到喜儿在山里头发变白那一段，两个人在黑暗中抽泣起来……可是，二森范子是擅自从野战医院跑出来看电影，违反了纪律，因此受到了班长的批评。班长不知道她在电影院里为受苦受难的中国劳动人民流泪，批评她有“小资产阶级思想”。

淑惠喜欢上了这位日籍女护士，总是说：“你要是能当我的嫂子该有多好呀！”陈妈妈也顺着说：“给我当儿媳妇吧。”

二森本人动了心，暗想：“在天津当大学讲师的妻子过一辈子也不错。”

后来二森范子离开陈家、离开天津随军南下，但她一直没有忘记住到陈家的那些日子。她的《与龙之子共生》不仅记述了这件事，还收了和陈母、淑惠等人一起照的照片。石和镇的“回想四野会”年会结束那天（5 月 15 日）傍晚，我和二森、高山、相原一起从石和回东京，在石和车站等车的时候，我问二森后来和陈家的人有无联系，二森说“没有”，并半开玩笑半认真地说：“你能不能帮我找一找？”本多歌子在接受采访的时候说，1953 年回国之前在上海等船的时候，她和二森范子考虑过逃跑，我想，二森范子当时也许是想逃回天津的陈家。

青春时代的二森范子也许很讨人喜欢。其实，1946 年到通河进入八路军野战医院工作以后，该医院的一位姓张的中国医生也一直暗恋她。1950 年，医院已经随军到达武汉。某一天，做完手术，二森独自一人在手术室收拾手术用具。突然，有人从身后把她紧紧抱住。她惊恐地挣扎着转过身来，原来是张医生。

张医生紧抱着她不放手，红着脸向她求婚：“和我结婚吧！和我结婚吧！没有问题！我去和政委商量，会批准的！”事情来得突然，二森喊着“不行、不行”，挣脱开来夺门而出……那一年二森范子二十一岁，张医生大概二十七岁。

4月中旬在相原家里，庆子夫人提起这件事还哈哈大笑，说按现在的说法张医生的行为是“性骚扰”。

爱上本间雅子的也是一位中国军医，但这位军医不像张医生那样鲁莽。1952年年底，解放军在距南昌二百公里之外的山中开设了第七十二预备医院，收治在朝鲜战场上负伤的志愿军战士。建院的时候本间雅子被分配到这个医院，一起工作的有一位中国军医A。相识不久，A请雅子教他日语。雅子觉得如果中国医生会日语，自己工作起来也方便一些，便愉快地答应了。A学得很认真，每天把几个自己想知道的单词写在一个小小的笔记本上，请雅子教他日语的说法。渐渐地，A问的单词由日常会话用语变成了“喜欢”“爱情”“结婚”之类。A还把写着字的小纸片折起来夹在笔记本里交给雅子。小纸片越来越大，最后变成了长长的情书。笔记本往往是和处方、病历等一起当着别人的面交给雅子，雅子想拒绝也拒绝不了。山村冬夜寒冷，雅子值夜班的时候A送来棉袄。雅子回到宿舍，还时常看到床上有人放着水果……但因为种种原因，雅子无法接受A的好意。所幸，在她为此感到烦恼、不安的时候，日本人回国的通知到了。

1953年初春的一天，雅子离开医院回国，全院的医生、工作人员、伤病员在门前排成长长的队列为她送行。逐一与大家握手，对生活了八年的中国的留恋和对故乡、家人的怀念交织在心头，本间雅子泪眼蒙眬。眼前突然出现了A的面容，A站在队列中，向她伸出手说“再见”，而雅子伸出一半的手停住了。A微笑着看着她，轻声说：“这是分别的握手。”雅子握住A的手说了一声“再见”，便低头转过身去。她不愿意让A看到她的泪水夺眶而出。转过身去的时候她听到A对她说“保重身体”。从那以后，A有些发抖的声音一直留在雅子的耳边。几十年过去，本间雅子还常常记起A。在年近古稀时完成的回忆录中，本间雅子写道：“那位医生依然健在吧。想起那个安静的村庄就会想起他……”

同类爱情故事中最让人扼腕叹息的，是沟胁千年的革命生死恋——

在京都参加桓仁会的活动、采访柳邦男先生之后回到东京没几天，沟胁千年就如约寄来了水口春喜的著作《庞大的幻影——满洲建国大学》。这本书是光阳出版社1998年4月出版的。水口春喜1927年出生在日本四国岛的德岛县，1945年3月考入伪满洲国所谓的最高学府“满洲建国大学”，日本战败后返回日本，加入日本共产党，长期担任日共中央委员会委员，活动积极，病老之后还担任日共中央委员会顾问。

1994 年前后他患脑溢血卧床不起，在病床上撰写了《庞大的幻影》，用自己的亲身经历揭露日本军国主义的罪行，与以东京大学教授藤冈信胜为首的篡改历史的所谓“自由主义史观研究会”对抗。沟胁千年在书后的扉页上写道：“被侵略的中国，被殖民地化的朝鲜，加害国日本——这三个国家的青年学生们对祖国的忧思、理想，以及共有的友情、现实中的苦恼。永远祈求和平！致董炳月先生。”

沟胁千年同时寄来的还有一本淡绿色封面的中文小册子。小册子名为《羊楼洞的白衣战士》，是湖北省蒲圻市政协文史资料委员会 1992 年编辑的，不是正式出版物，印刷质量粗糙。沟胁千年在随书寄来的信中说：“水口春喜的夫人是和我们共同战斗过的同志，两年前去世了。（《庞大的幻影》是水口）患脑溢血后写的书，他是日本共产党中央委员。《羊楼洞的白衣战士》是和我们一起工作过的中国同志编辑的，第 96 页写的是我的事情。”翻到 96 页，看到的是一篇题为“一位日籍护士的异国恋情”的文章，作者是海英杰。读了之后，才知道隐藏在沟胁千年心中的伤痛……

1951 年 5 月，根据中央军委的指示，中南军区在现属湖北省蒲圻市的古镇羊楼洞建立了第七预备医院。当年 11 月，随着解放军统一医院编号，医院改名为“中国人民解放军第六十七预备医院”。此时，医院已经收治了近三百名志愿军伤病员。为了提高医院的医疗水平，九十多名日籍医护人员也

四位日籍解放军女护士，左为沟胁千年（沟胁千年提供）

沟胁千年与海英杰（右）在一起（海英杰提供）

从武汉、广西等地调入该医院。日籍人员中，就有女护士沟胁千年。那一年千年二十二岁，工作认真，长得漂亮，能歌善舞，中国话说得也好。尤其与众不同的是，明知当时的政策不允许解放军官兵与日籍人士结婚，她偏偏爱上了一位中国人，希望嫁给他、留在中国。

事情发生在1953年年初，千年爱上的是医院里一位名叫杜江群的病员。杜江群已经年近三十岁，担任休养连的党支部委员。当时有些伤病员由于各种原因不安心养病，给治疗工作带来一些麻烦。但在杜江群的关心和说服下，都能自觉地与医护人员配合，安心治疗。杜江群在医护人员、伤病员中建立了很高的威信，也赢得了沟胁千年的芳心。杜江群也爱上了千年。但有政策在，他们不敢违反政策、公开谈恋爱，只能偷偷地互相递纸条。羊楼洞风景优美、环境宜人，杜江群常常邀千年、千年同宿舍的中国小护士海英杰以及另一位年轻的男护士陈正雨到河边、马路上去散步。小英杰和陈正雨当时不知道自己成了这对异国恋人的保护伞。

夏日的一天，沟胁千年病倒在床，杜江群特意买了一个西瓜，让海英杰送给千年。西瓜太大了，小英杰搬不动，便让陈正雨帮着搬到宿舍。几位护士边吃边笑，情窦初开的海英杰似乎明白了一点什么，后来就和陈正雨主动当起了这对恋人的秘密联络员，为他们传递情书。

不幸的是，杜江群患着严重的肺结核。病情不稳定，常常发烧、吐血。而且，当时在医院放射科担任助手的日本青年森民树在积极追求沟胁千年。杜江群估计自己在人世的时间不会太长，不愿意耽误千年的青春，便说服千年与森民树结合。但千年不为所动……

1953 年年底，医院内的日籍人士陆续返回日本，沟胁千年也被调往襄阳工作。千年离去之后，两个人只能通过书信传递相思之情。杜江群变得情绪低沉，病情也一天比一天重，发烧不止，经常吐血。

1954 年初春的一天，一封来自襄阳的信放到了杜江群的床头。杜江群读了信，眼睛发光，坐立不安。

海英杰会意地笑着问：“有什么好消息吗？”

杜江群兴奋地说：“千年要到武汉采购药品，说是顺道来羊楼洞看我们！”

几天之后，千年真的来了。站到杜江群的病床前，她一句话也不说，任凭泪水顺着两颊往下流。

还是杜江群先打破了沉默，说：“你来了！”

千年默默地点了点头，半晌，才勉强露出笑容，问：“你还好吧？”

杜江群说：“好。还好。”

看着这场面，海英杰鼻子一酸，泪水夺眶而出，转身退到门外……

当天晚上，千年住到海英杰的宿舍里，与海英杰谈到深夜。原来，她想留在中国、留在杜江群身边，而杜江群知道许多日本人都已经回国，千年的母亲和妹妹都在日本期盼着

1952 年，沟胁千年在羊楼洞（沟胁千年提供）

穿军装的杜江群（沟胁千年提供）

千年，竭力催促她回国。千年伤心至极，泣不成声。怕影响其他人休息，两个人便走到室外。初春的山村之夜，月光洒在地上，远近有稀稀落落的虫声。

海英杰安慰千年，说：“杜叔叔会好的，您不用太担心。”

千年说：“我不在他身边，请你们多关照他吧。”说着又流下眼泪……

当夜千年几乎没有合眼，第二天天没亮就起身赶到四公里外的赵李桥火车站乘火车回襄阳了。

1955年1月17日，由于医院建制的改变，羊楼洞的最后一批伤病员和工作人员迁往蕲州的湖北省第二康复医院。杜江群也和大家一起迁往蕲州，他已经无力行走，躺在担架上被人抬着。那时候，沟胁千年已经到武汉的东湖疗养院工作，专门来到汉口码头，给杜江群送行。杜江群躺在担架上，千年守在担架旁，无言地紧握着杜江群的手。载着杜江群的轮船远去了，千年依然独自站在码头上，江风扑面而来……

杜江群到了蕲州之后，住在收治重病患者的四病区。海英杰在二病区工作，经常到四区和杜江群聊天，帮他买一些生活用品，尽量使他开心。结核病菌依然在不停地吞噬着杜江群的生命，而千年依然在痴情地等着他。

一天，杜江群把小英杰和陈正雨叫到床前，说：“你们给沟胁千年写封信，就说杜江群已经去世，劝她尽早找个归宿。”但是，小英杰和陈正雨都不愿意写这样的信。

沟胁千年当年赠给杜江群的照片。她在照片背面题词为：“赠给杜江群叔叔”（沟胁千年提供）

当年夏天，由于中国政府让在华工作的日籍人员回国，千年也回了日本。回国之前，她给杜江群写了一封长信。杜江群看了信沉默不语，海英杰问：“沟胁还好吧。”杜江群叹息一声，回答道：“她说她要等，直到我去见马克思。”后来，杜江群得知千年回到日本之后工作方面很顺利，感到欣慰，特意请人在湖南定做了一床银灰色的湘绣被面，题上“献给亲爱的朋友沟胁留念，江群赠，一九五五年八月”。他知道千年喜欢那种银灰色。不久，千年通过一个日本访华团和北京红十字会，给杜江群带来了一幅用丝绸织成的身穿和服的日本少女图。

1956 年 1 月，病入膏肓的杜江群被转往汉口结核病医院救治。但是，当时的医疗技术已经无法挽救他的生命。坚持到 5 月底，杜江群生命垂危。5 月 29 日，他给千年写了一封信：

> 亲爱的沟胁！亲爱的朋友！亲爱的同志！我们真的要告别了。今天我以悲痛的心情，颤抖的手，握着沉重的笔，十分可能是给你写最后一封信。不管如何，总是我临别最后时刻给你留下的亲笔信。
>
> 病是垂危了，5 月 4 日我已经被医院隔离起来，离病房很远很远，被单独看护了……我从 1 月开始大吐血，一直到现在，五个月了，血未停，烧未退，饮食极不好，身体已衰弱得不成样子，情况不仅严重，而且很

危险。

你的来信我都收到了，几次都想给你写一点，但是我没有办到，心里感到不安。

现在实在不行了，我脑子很清楚。我不知道还能坚持几天，但是命运已决定我将和所有的人告别了，也许你在读这封信时，我已经离开了这个世界。悲伤痛苦是不可免的，但是不要过于悲伤，不要过于痛苦，那样会损害自己的。

亲爱的朋友！我希望你坚强起来，勇敢地生活下去。是的，我们相识了，又有了亲密的感情，但是病魔使我们未能达到目的。现实要对我们这样残酷，又有什么办法呢？活下去，生存的愿望和意志，谁也是有的，尤其是在新中国，谁不想看一看美好的未来，谁愿意就这样结束一生？志向未展，事业未成，头发不白，这样结束一生，心永远是不甘的。

亲爱的沟胁！你还年轻，人已经化成灰了，不要再把他放在脑子里，日夜想念、悲伤、痛苦，那样会损害自己。你应该好好地去创造自己的前途和幸福生活，你为了一个死去朋友，而去苦恼一生，是不值得的……

最近我又请了一个老朋友——王立富同志代我给你买点纪念品寄来，他去北京，据来信说，已买了一个扣花和一个象牙雕刻，什么样子，我不一定看得到，不过他早晚会给你寄来的，我先告诉你，你注意查收。

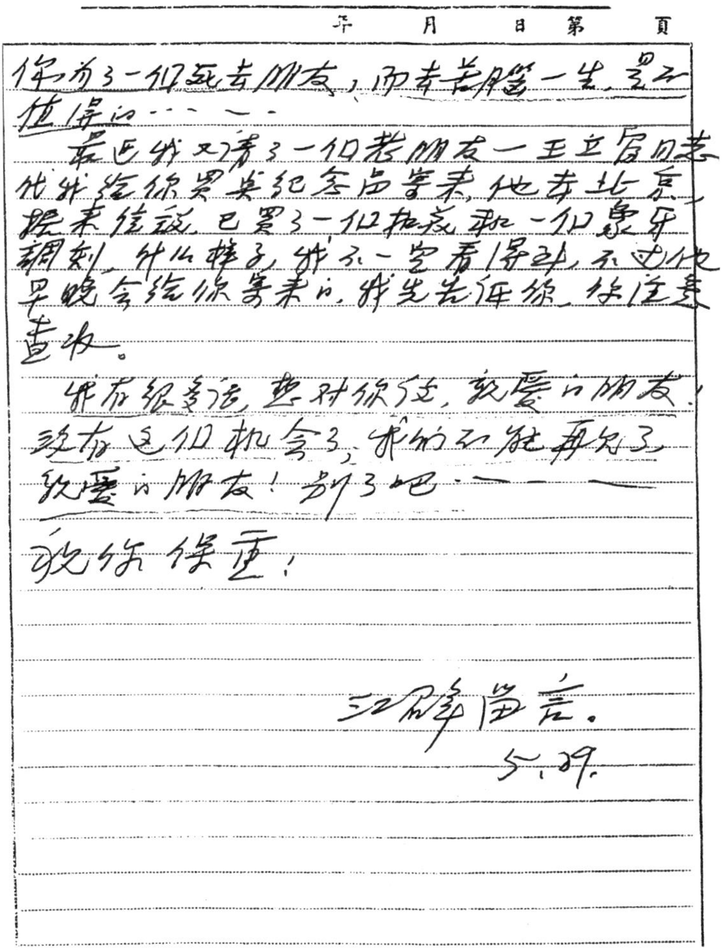

年　月　日第　頁

你为了一个死去朋友，而牺牲一生，是不值得的……

最近我又请了一个老朋友——王立睿同志代我给你买些纪念品寄来，他在北京，据来信说，已买了一个相框和一个象牙雕刻，什么样子，我不一定看得到，不过他早晚会给你寄来的。我先告诉你，你注意查收。

我有很多话，想对你说，亲爱的朋友！没有这个机会了，我们不能再见了，亲爱的朋友！别了吧——

祝你保重！

江群留言。

5.29.

杜江群给沟胁千年三页告别信的最后一页

我有很多话，想对你说。亲爱的朋友！没有这个机会了，我们不能再见了，亲爱的朋友！别了吧……

祝你保重！

江群留言

5.29

五天之后的6月3日上午，杜江群离开人世。弥留之际，他用微弱得几乎听不到的声音对身边的医护人员说：“不要通知日本朋友……不，不，快通知日本朋友，说我不行了……”这位中国军人对沟胁千年的感情充满矛盾——希望她寻找自己的归宿，又希望她等待自己。

那天在天山庄，沟胁千年穿的是一件杏黄色上衣。看来她一直喜欢亮丽、明快的颜色。实际上，一般日本人比较低调，很少穿那种颜色鲜亮得有些刺眼的衣服。

5月末我从东京返回北京之后，为了确认一些事情给家住京都的沟胁千年写信，她给我回了一封四页纸的信，还寄来了天津地方报纸的几份复印件。报纸是八年前的，登载的是原天津机械局党校校长王家騄在抗战胜利五十周年前夕撰写的介绍沟胁千年与杜江群爱情故事的文章。王家騄1952年在羊楼洞养病时与杜江群相识，是这场异国生死恋的见证人之一。他和当年的小护士海英杰一样，被沟胁千年和杜江群的故事深深感动，几十年之后依然无法忘却。

根据王家騄的文章，杜江群出生在鄂西北郧阳山区的贫困农民家庭，靠在襄阳做事的叔父的资助到城里读书，抗战胜利后考进了武汉农学院，在地下党组织的引导下参加革命军队，投身民主革命运动，多次遇险，经受了严峻考验。沟胁千年得到杜江群的死讯痛哭不已，后来也没有结婚。她一直珍藏着杜江群赠送的湘绣被面，1986 年初夏，王家騄的妻子陶桂芳女士去日本，顺便探望刚刚取得联系的沟胁千年，看到那床湘绣被面挂在沟胁的房间里。杜江群去世三十多年后的 1987 年 9 月，沟胁千年也在相隔三十多年之后第一次踏上中国的土地。她来到汉口的扁担山墓地，寻找杜江群的墓，但没有找到。第二年春天，有关部门在扁担山墓地为杜江群重修了墓，沟胁千年专程从日本赶来，把自己年轻时的照片和杜江群的遗像一起放在碑穴中。

沟胁千年在给我的信中讲述了她的历史。“二战”末期，穷途末路的日本军国政府进行最后的挣扎，发布了旨在将日本全体国民推进战争的《国民总动员法》《学徒动员法》等战时法令。1945 年 3 月，刚从学校毕业的沟胁千年就和同班的另外三位同学被作为“女子挺身队”队员送到“满洲国”本溪湖的钢铁公司就职。但四个月后日本战败，“满洲国”解体，苏军、国民党军、八路军你来我往，局面混乱。在这种特殊的环境中，当地的日本人建立了自治组织“日本人居留民会”。某一天，八路军（当时称东北民主联军）方面传来“征用 ×× 岁至 ×× 岁男子 × 名、女子 × 名”的通知，但当时日本人大都急于回日本，不愿意被征用，于是适龄男女们便用抽签的方式决定命运。沟胁千年抽的是二号，参军当了护士，从东北一路南行，直到广西的南宁。

沟胁千年 1955 年回国之后很快取得了日本的护士资格证书，在“全日本民主医疗联合会”的京都上贺茂诊疗所工作，并在那里加入了日本共产党。这个医疗联合会，本来就是为了救助日本的贫苦百姓组织的，许多因为反对美军在朝鲜半岛的战争而被开除公职的日本共产党员和民主人士都参加进来了。他们的宗旨就是“为人民服务”“为无产阶级服务”。

沟胁千年在给我的信中又谈及杜江群，说：“我曾经对杜江群同志的人格怀着尊敬和憧憬之情。他心胸开阔，幽默开朗，知识丰富，对谁都是那样诚实、亲切。无论是哪个女孩子，都有憧憬男性的年龄。我想我对他的感情是由憧憬而变为‘爱’，”她在信的最后部分说，“我对杜江群同志的思念一如从前。我曾经和他约定三件事：1. 一定成为共产党员；2. 永远置身于日本民众之中；3. 一定回到中国。”

解放军老战士杜江群已经去世四十多年，他的异国恋人、他的“同志”依然这样怀念他，他九泉之下也应该感到欣慰了。

由于当时的环境所囿，沟胁千年与杜江群不曾一起生活，甚至不曾单独散过步，不曾有过一次单独的长谈，而她对他却是如此忠贞不渝。这显然已经不是纯粹的男女之情。

意味深长的是，在一张送给杜江群的照片的背面，沟胁的题词是“赠给杜江群叔叔”。这张照片也许是在杜江群去世之后回到沟胁千年手里的。对于沟胁千年来说，杜江群既是一位男性，也是青春和理想的象征。她一生都在痴恋着自己的青春和理想。

十　成冈睦美：从大蒲柴河到敦化

在石和温泉乡参加“回想四野会”年会的时候，虽然与成冈睦美住同一个房间，但并没有能够做深入的交流。初次见面的时候和他打招呼，发现他的回答和神情有些奇怪，交谈有些吃力。看到他耳朵上的助听器，才知道他听力不好。那天晚上哈巴桑说话的时候他在旁边听着，很少开口，就寝之前才和我聊了一会儿。他说我来参加活动他们很高兴、很感谢。我也从中国人的立场出发，感谢他们为新中国的成立与建设做出的贡献。在类似的场合，面对外国人，中国人总是会不自觉地站在国家、民族的立场说话。

成冈听了我的话很受感动，对我说现在理解他们、愿意了解他们的年轻人已经不多，与年轻人“话说不到一起去”，到中国去的时候，中国年轻人会用陌生的眼光看他们。他还说，日本的一个“民运组织”的中国人甚至批评他们当年帮助共产党是“多管闲事”。提起此事成冈颇为感慨：“被那样一说，真寂寞啊！”我当即对他说：“对那样的批评不要在意，说这话的人缺乏历史常识。那时候国民党政府又独裁又腐败，应当被共产党取代。你们帮助共产党就是做好事。”

第二天早餐后成冈因事先离去，大概是感谢我的理解，他离去的时候特意让我坐到阳台的椅子上，给我拍了一张照片。我回到北京之后，他还让到北京出差的高山英子女士把照片带给我。

回到北京之后整理采访资料，我一直记着那晚成冈谈起的北平和平解放之前十纵队的人潜入北平城内活动的事。从中村义光的记述和成冈本人提供的履历表中，我知道当年在大蒲柴河受地方武装首领张永胜庇护的日本人中也有成冈。为了确认有关事实，更多地了解“八一五”之后日本散兵们在大蒲柴河的生活状况，我给家住静冈县富士宫市的成冈写了一封信。很快收到了他的回信，还有其他的相关资料。

成冈寄来的材料中有一篇从 1987 年 1 月 1 日号《回想四野会会报》上复印下来的文章，文章是他写的。原来，早在十五年前，他在阅读了木俣公平、中村义光等人关于大蒲柴河的文章之后，就写了一篇回忆大蒲柴河生活的文章，题目叫作《张家的人们》。寄此文给我的时候，他用很有功力的字在文题前面加了个新的题目——“异国之丘——大蒲柴河的回忆”。这样，另一个与大蒲柴河有关的故事又浮现出来，张永胜的为人和张家的生活状况也变得清晰。

还是听成冈本人讲述他和张家人的故事。下面是《张家的人们》一文的翻译。

在《会报》上拜读到的木俣前辈、中村先生诸位的各种回忆录中，“大蒲柴河”的事情经常出现。我本人在大蒲柴河生活的半年间，也留下了许许多多难忘的回忆。尽管记忆中有太多太多的痛苦……但是，逃难生活像是在地狱的底层徘徊，终于走出泥沼、绝处逢生的地方，就是大蒲柴河。

1945年8月11日深夜，不巧下起了大暴雨。冒着暴雨，我们离开了两年间已经住惯了的“勃利义勇队训练所”。将近三个月过去了，饥饿，疲劳，今天不知明天死活，我们在生命的恐惧中发抖，漫无目的地彷徨在北满洲的荒野上。身体、心灵、衣服都已经伤痕累累，我们“七武士”最后一起下定了自杀的决心。“既然是死，那就到有人烟的地方去死吧。即使是满洲人的地方也可以。”于是下山寻找死地。但是，在田里干农活的中国农民救了我们。苏联兵接到通知赶来，我们每人交出了认真保存着、本来是准备用于自杀的一颗手榴弹，被解除了武装，又被装上卡车。送往的地方，就是大蒲柴河。

吉林省东部，敦化西南约八十公里，南方已经能够远远看到静静起伏的山峦，那大概是长白山系的山脉吧。这里与广漠千里、无边无际的北满风景大不相同，远近有山有河，绿树葱葱，时而能够看到水田收割后的痕迹。

为了避免在山里受到叛乱的满军和地方武装的袭击，我们乘坐的卡车绝对不靠近村落。所以，从卡车上看到的大蒲柴河让人觉得是个很大的恐怖之城。

周围整圈围着土墙，入口建有城门——尽管不是那么高大、精致。城门两旁站着两个胳膊上挽着红袖标、一身土匪打扮的步哨。终于进了城门。是要把我们拉到设在村中某处的刑场去枪毙吧……被从卡车上放下来，却完全没有脚已经着地的感觉。眼前猛地一黑，就什么都看不见了。在痉挛的、隐隐约约的意识中，灰色的风景在旋转，风景中有祖国美丽的山河，有让人怀念的故乡的房舍和田野……当时一起被押来的渡边武和其他人，大概也有同样的感觉吧。无论哪一个，都无声无息。

茫然自失之中，似乎听到从很远的什么地方传来了日语的对话声。恍然之间回过神来，是木俣先生、高桥军医、盛先生、川口先生等人在那里（名字当然是后来才知道的）。“各位！日本确实已经被打败了！什么都别再说了。和我们一起留在这个村子里吧，至少，目前这位老张能够保证我们的生命安全。”

这样，我们终于在地狱的边缘得到了一条生路。那是当年10月23日的事情。

周围，夜幕渐渐笼罩下来，脚脖子上寒冷的北风不停地吹，记得当时小雪已经纷纷扬扬地飘起来。木俣先生等人竭尽全力与村里交涉，交涉完毕，我们七人在那里分手，各自被村民领去。所幸，我是和关东军老兵田村下士一起被张家领去当苦力。在山里逃难的时候，田村是我们七个人的小头目。张家，就是中村先生《藤井之杂记》中写到的张永胜队长的家。

张家人用温暖的眼光迎接了我们两个瘦骨嶙峋、衣衫褴褛的日本苦力。据说张家从前就是村中的头号大地主，房子修建的豪华又气派。还有人说伪满时代张永胜曾经与日本军队作战，好像是当地很有根基的土匪头目。当时这一带在苏联军队的控制范围之内，近似于民兵组织的自警团大队的本部就设在张家大院里。一位姓李的担任大队长，是真是假不清楚，据说他是从苏联回来，一身打扮也很像军人。担任中队长的是这家的主人张永胜。不过，自警团大队的实权好像是掌握在中队长张永胜手里。

张永胜身长六尺，体格魁梧，不是蓄中国式胡须，而是留着别致的八字形大将胡须。左右斜挎着装在木盒子里的大型毛瑟手枪，再从外面系上宽宽的皮腰带，脚蹬长长的红皮大马靴，走起路来嚓嚓有声，那威严的姿态，似乎蕴藏着能够让正在哭泣的孩子停止哭泣的力量。不过，一旦和家里人在一起，换上宽松、随便的长袍，满面微笑地抱起大孙子，又变成了心情极好的温厚的老爷爷。

在我的记忆之中，那确实是在我们来到张家刚刚过了一个月的时候。某一天夜里，张家大院深处另一所房子中中队长的房间里似乎充满着异样的紧张气氛。果然，第二天早晨，在另一座房子的队长室里，和临时老婆睡在一起的李大队长被人杀死了。

原来张永胜中队长倒戈了！

确实，正因为张中队长从前当过土匪头子，所以脑筋转得快。其后不久，所谓的“高雄部队”就出现了。这方面的情形在前面提及的《藤井之杂记》中有详细的记述，这里省略。

这家的老太太从前曾经被日本军队抓去，因为她是土匪头子的老婆。日军对她进行严刑拷打，往她的鼻子里灌辣椒水。即使是这样，她也没有说出丈夫的藏身之处。与身材魁伟的丈夫形成对比的是，老太太身材矮小，脚是缠过之后又放开的半小脚，迈着小碎步匆匆忙忙走来走去，平时总是笑容满面，对谁都和蔼地讲话，分派活儿。家里有一大群男女用人、长工短工，但她完全不是那种指手画脚、颐指气使型的地主。就是在我们这样的日本苦力面前，因为从前在日本军那里受过酷刑、现在发泄怨恨进行报复的事情也从来没有做过。虽然语言半通不通，但她是用人心的温暖和我们相处。特别是对于我，方方面面都亲自给予了包含着慈爱的照顾。特别照顾我的原因之一，是张家有一个正在敦化的学校上学、年龄和我差不多的二儿子。

在张家的时候，我的工作当中最辛苦的是早晨打水。大家都知道，满洲冬天的水井井口，溅上去的水结成冰，上面又溅水又结冰，井口一圈的冰厚得像小山一样。穿着滑溜溜的乌拉草编的鞋，在冰上用那种超级原始的方式从深深的井里往上绞水，不是一件轻松的事情。如果滑倒身上溅了水，会被冻伤。如果不小心跌进井里，百分之九十九没有活路。看到我那吃力的样子，老太太说：“乌拉鞋小孩子穿不惯，不行。”她把日本军的防寒靴拿出来让我穿，那本来是她没舍得让自己的孩子们穿的。防寒靴穿上去有些大，不合脚，但裹了两三块包脚布穿进去之后，打水的时候也不滑，帮了大忙。

后来，张家又住进了比我们晚些下山的两位日本兵——年轻的美男子水盛和自称木匠的松本，苦力房也热闹起来了。白天，苦力头老王带着大家去山里、田里干活儿，我留在家里，开始每天固定的喂牲口、劈木柴工作。那种时候，自警团大队的队长和队员们一般都是外出去什么地方，所以女人们也都能无拘无束地说笑、谈天。那时候张家除了老太太，还有大儿子的两个老婆，学校放假留在家里的最小的女儿，看上去像是女用人的一老一少两个女人，另外还有近处常来串门的阔太太们。那样的时候好像是我的固定休息时间，给我拿零食来的是老太太。零食有时候是带壳的花生，有时候是蒸南瓜。

特别是红萝卜生切之后稍微蘸些盐，比起现在在日本能够吃到的任何贵重水果都好吃，直到现在，我也忘不了那味道。但是，老太太的关怀绝没有那种对自己的用人施一点恩惠的傲慢，她让我感觉到了那种像关心自己的孩子一样的慈祥、亲切和温暖。

回想起来，我十五岁离开父母之后的三年间，在北满洲的荒野上，没有任何娱乐和享受，一天到晚、起早贪黑只是在尘土飞扬中流着汗水和土地搏斗。在我们"义勇队"的这种生活中，我渴望着家庭的温暖和母爱。对于那时的我来说，越过语言的差异、民族的差异，最初得到的那种浸润到心底的温暖和安宁，就是来自张家的这位老太太吧。

第二年即1946年3月，我"高雄部队"（我们住在张家的四个人还是和从前一样当苦力，但因为是日本人，也就自动地成为高雄部队的一员）第二次被八路军解除武装，经马号村落前往敦化。身穿绿色军装的八路军部队威风凛凛地开进了大蒲柴河。兵舍里的日本人都被集中到酿酒厂门前的广场上，在那里交出了武器。我们住在张家的四个人也被立刻喊到了那里。这时候，刚刚得到消息的老太太呜咽着来到了广场，恳求说："小孩没有当过兵，不该把他当俘虏。让他留在这里吧，给我们家当小孩……"

话头要回到从前。本来，老太太从前就说将来让我

成冈睦美 1957 年摄于郑州，第二年 5 月回到日本

和她最小的女儿慧琴在一起，总是那样说，好像是真的那样考虑过。所以八路军开拔之前老太太多次说要把我藏到什么安全的地方去。田村感到担心，来和我商量，问我打算怎么办。我本人对老太太给我的温暖感激万分，但是从来也没有打算给张家当孩子。再说，如果在那里与大家分别，以后也不知会怎样。所以我挣开老太太的阻拦，去了广场。

列队走出城门的时候，老太太从后面追上来，拿着领子上缝着毛皮的日本制外套——那好像是从日本开拓团得到的战利品。老太太把外套塞给我，哽咽着说："拿着！不要感冒了啊！当心别生病啊！"脸上大颗大颗的泪珠不停地滚落下来……从前我说起中国人也是称"清国奴""满公"，看不起他们，甚至不把他们当人看、不把他们看作自己的同类。但是，现在，看着面前这位与自己不同民族的老妈妈真诚的热泪，像是来自亲生母亲的深切的温暖的体谅和真正的人类之爱，一起涌上心头。我胸口一热，止不住的泪水汹涌而出……

一次又一次回过头去，看着渐渐远去的大蒲柴河和踮着脚远望、不停地挥手送行的老太太，努力紧跟着队伍。我想，队伍中的人们也都是怀着在这不知名的山丘中度过的一个冬天的珍贵体验和各种回忆，向前移动着脚步。

不知是谁，在前边用"拉巴儿小调"即兴填词唱起了告别歌。低声地唱，像是不愿意打扰周围的人：

再见吧蒲柴河，等到回来的那一天
分别的泪在流
血色夕阳，沉入地平线
北斗星挂在苍茫的夜空

一条汉子，不要像女人那样哭泣
决然斩断离绪，世界辽阔
松花江，黑龙江，鸭绿江
尽头是和平的太平洋……

歌声停止，成冈睦美关于大蒲柴河的回忆文章也结束了。文章中的“七武士”有几分自嘲的色彩。“七武士”的故事本来是日本历史上的英雄传奇，黑泽明的电影名作《七武士》就是据此拍摄的。与成冈一起逃亡的共有七个人，所以才有了这个比喻。在山中逃亡的时候，他们已经失去了对时间的感觉。成冈睦美之所以清楚地记得去大蒲柴河的那个日子，是因为苏联红军的卡车来押解他们的前一天夜里，他们住在救了他们性命的中国农民家里。从农家墙上的日历上，他知道自己一伙人已经在荒野上、在山中奔走了三个多月。

从成冈睦美的记述来看，张永胜显然是一位草莽英雄，他的妻子也是有胆有识、有情有义的乡村女杰。这对中村义光的相关记述构成了补充。张永胜与日本人发生冲突，以至于妻子被抓、被灌辣椒水，说明他曾经有过抗日行为。受过日本人的迫害，日本战败后却收留了日本残兵，也算是“以德报怨”。被收留的那些日本人应当感谢他。他杀死李大队长，自己当了队长，并利用会集到那里的日本兵组织了“高雄部队”，又表明了他的“野心”。成冈在后来的信中告诉我，李大队长是亲苏、亲共的，和他一起被张永胜杀死的还有他的警卫员。我估计，张永胜后来被解放军枪毙，这大概是主要原因。

十八岁的成冈睦美如果没有随被解放军收编的“高雄部队”离开大蒲柴河，也许就成了张永胜的上门女婿。

成冈到敦化不久，得到了张永胜被枪毙的消息。得到这个消息他并没有受到太大的震动。因为在当时的环境中，对于日本人来说，无论是谁什么时候死都不奇怪。给了他许多母爱的老太太倒是让他担心，他想回大蒲柴河去看一看，但当时的情况不允许。从那以后五十多年过去了，他没有再回过大蒲柴河。

成冈在2002年年底给我的信中说：“我曾经和慧琴吵过架。如果她还健在，想见见面。”慧琴如果还活着，也已经年逾古稀了。成冈清楚地记得，他到张家之后，因为年龄小，所以没有人喊他的名字，都是喊他“小孩儿”。慧琴比他小，只有十二三岁，也和大人一样喊他“小孩儿”。有一天，成冈终于生气了，对慧琴说：“我比你大！我不是小孩儿！”

根据成冈睦美提供的个人简历，他是1928年8月出生在静冈县富士郡的北山村，1943年3月从村里的国民学校八年级毕业，4月就进了“满蒙开拓义勇队训练所”。当年10月去中国东北勃利的时候，刚满十五岁。

关于从日本战败之后到进入大蒲柴河之前成冈睦美的逃难生活，《产经新闻》刊载的一篇成冈睦美访谈录也略有涉及。这篇访谈是固定栏目《远方的声音引导着我们》中的一篇，题为《为了那场战争中的死者》，刊登在1996年6月11日的《产经新闻》。文章中有这样一段记述——

> 昭和二十年夏，成冈徘徊在中国的深山里，吃蘑菇和野果，有时候只能靠喝水充饥。十七岁的年纪，却不得不考虑死亡问题。
>
> 小学毕业后参加“满蒙开拓青年义勇军”，过了两年，本来是打算在满洲当农民。在黑龙江勃利的训练所，正在忙着收割大麦的时候，传来了苏军坦克车的炮声。
>
> 八百人的逃难开始了。在炮击中受伤的孕妇自己给自己接生，死去；高粱地里，友人被击中，在烟尘弥漫的地上内脏流出，停止了呼吸。人们四散奔逃，不觉之中，成冈身边只剩下两位平日相好的训练生。
>
> 遇到了大约百名武装的日本兵。随同行动。风传日本好像是败了，但谁都不知道确实的情况。
>
> 9月中旬，碧空如洗。

记得是在牡丹江附近的山中。在成冈的记忆中，那件事情的经过是这样的。

饥肠辘辘的一伙日本兵无意当中发现了目标——大片的农田，三个中国农民正在收割小豆。士兵们大叫着冲了出去，三个农民受到惊吓，急忙跑到田边的芦席上。两个四十多岁，光头，一个是二十岁左右的长头发青年。三个人都晒得黑黑的，穿着黑色的做农活儿时穿的衣服，看上去像是一家人或者亲戚。三个人恐慌地急声说着什么。士兵在田里散开，抢了小豆。成冈也脱了衬衫，用来包小豆。掠夺结束后，一行逃回森林，在大树之间按班分开，准备露营。成冈把小豆放在白铁洗脸盆里，准备煮食，又把带叶的树枝堆在一起，准备用作夜里睡觉的“床”。

日落时分。成冈抬眼一望，在大约十米远连长那个班的露营地旁边，三位农民的手被捆在身后，并排跪在那里。老兵将军刀劈下，鲜血从农民的脖子上飞溅而出。当时那种声音成冈无法忘记，但无法用语言来表达。近似于“咔”的一声，但又好像不是。

移开目光，强压着急速的心跳，继续自己的堆树枝工作。那时候枪声响了。一个农民手被捆着逃走，士兵开了枪。一行人担心自警团来报复，离开了那里。听士兵说两个农民被砍了头，逃走的那个没有被击中。

这段记述倒是弥补了前文所记1945年10月下旬成冈睦美等七人下山寻死之前的经历。两位中国农民的惨死给了十七岁的成冈睦美巨大的冲击。不过，约八百人的逃难队伍后来只剩下三个人有些不可思议。从三个义勇队员与约百名日本散兵同行，到《张家的人们》一文所写的七人下山寻死，当中显然有个过程。我就此事写信询问，成冈睦美在回信中说：

从勃利的训练所出发的时候，妇女、儿童合起来大约有八百人。后来，走了十五天左右，到达东京城附近的沙兰镇（“义勇队”的宁安训练所原来设在这里）的时候，除去死亡的和掉队的，人数只剩下了一半左右。在那里，我们一行中姓松本的训练所长根据当时的情况做出判断，决定向驻扎在东京城中的苏军投降。当时我和离开日本之后一直在一起的两位好朋友渡边武、萩原友幸商量，不甘心给苏联军当俘虏，三人便逃离本队。当时以为只要到了朝鲜总有办法回到日本。在山里走了两三天之后，遇到那大约一百多名日本兵，然后随同行动。不过，那么多人一起在山里走容易引起别人的注意，吃饭问题也很难解决。考虑再三，便化整为零，各班分别行动。所以我们班进大蒲柴河的时候是以田村班长为首的七个人。开始行动的时候我们班本来也有十几个人，但我的好友萩原因为到农民的田里去偷马铃薯，在自警

成冈睦美，1982年补发解放纪念章时，佩戴纪念章摄于富士宫市的家中

团的袭击中被打死了。再去掉因为生病、受伤无法行动的，最后剩下的人只有七个。

萩原友幸死在一个晴朗的午后。他们几个从农民的田里偷挖了马铃薯，来到一处荒废的村落，开始煮食。那处村落似乎是日本开拓民居住过的地方。马铃薯尚未煮熟，几颗子弹发出尖利的叫声飞过来，四周的树林中随即响起炸雷般的枪声。他们显然是因为偷马铃薯暴露了行踪，自警团前来袭击。他们拔腿便逃，逃离险境重新集合起来之后，发现有三四个人没有逃出来，其中就有萩原。等了很长时间，估计自警团的人已经离去，几位胆子大、腿脚快的回去察看，看到的是那几位同伴的尸体。成冈年纪小，没有回去，他就在枪声大作、各自逃命的时候不知不觉地与好友萩原永别了。

噙着泪水，不停地回望吃力地踮着脚挥手送行的张家老太太，十八岁的成冈睦美参加解放军离开大蒲柴河，随部队去了敦化。

关于敦化时期的生活，参加解放军四十八年之后的1994年8月，成冈写了一篇《敦化时期的回忆》。不知何故，这篇短文写成七年之后才拿出来，登在2001年7月1日的《回想四野会会报》上。现译于此。

我参加八路军之后，长官最初分配的任务，就是给自己所在的股里的八个人打饭。那是1946年3月末，在吉林省的敦化。那之前，我在敦化西南约六十公里、以名叫大蒲柴河的村落为大本营的匪首张永胜家里当用人。这位张匪首向八路军第二十五旅投降了。我当然也以为自己是作为土匪的同伙当了俘虏，但是和我预料的相反，完全没有把我当俘虏对待，八路军战士们称我“日本同志”，从一开始就是把我们作为“同志”对待的。

上级是怎样考虑的我不清楚，我被送到这支部队的司令部，分配到作战第一股，当了“小鬼”。主要工作是打扫卫生、跑腿儿、给干部们端茶打饭等。当时在那一带，以朝鲜族出身的人为主力的保安队和据说是从苏联境内回来的抗日联军等武装部队混杂在一起，即使是驻扎在当地的苏联军，区分起来也有困难。我们用俄语在四角形的布徽上写上“八路军”几个字，缝在胸前。

不久，苏军撤走，我们部队被改编为东北民主联军警备第二旅，司令部内从一股到四股都升格为科。具体说来，一科负责作战，二科负责侦察，三科负责机要（管辖电台的无线班、负责发报、收报、密码解读等），四科是管理科。作战科与司令员邓克明旅长之间，自然有各种各样的联系和公文、信函的往来，每当那时候，我都要去旅长用作办公室兼住所的地方。这位旅长好像是四川什么地方的人，对于好不容易刚刚学会一点东北话的我来说，经常会因为听不懂旅长的话而反复询问，脊背直冒冷汗。这方面，到袁政治委员那里去的时候轻松愉快。袁政治委员那种身经百战的丰采和邓旅长没有什么区别，但说话容易懂，宽厚的人格中总是流露出热情。

袁指导员称我“小日本儿”，对我亲切、随和。他的夫人出生在山东省，名叫何锐，是管理科的科长。那时候我经常看到她和她的丈夫在一起，不知什么原因我成了这位女科长的专用通信员。我奉命从一科调到了四科。

当时的科长一职是营级干部，没有正式配警卫员。但是，可能是沾了她丈夫是该部队二号人物的光吧，我也和其他首长们的警卫员一样，领到了配有木盒的大型毛瑟手枪、串着弹药袋的红皮带等整套装备。在一群“小鬼”当中看上去也像那么回事，所以脸上经常流露出得意之色。

所谓“管理科”就像是“万金油科”，乱七八糟的琐事都是管理科的工作，从炊事、牲畜房、物品供用到房屋修缮，杂而多。那时候，敦化的旧飞机场有一个二百人左右的“日本人施工队”，队长是原日军军官山崎。在工作方面，这个施工队也是属于司令部四科管辖，山崎队长和担任翻译工作的平出（现住在长野县）经常因事到四科来。记得是在 1947 年的阳历年，作业队的人们来联系，说是要开文艺联欢会，希望四科的何锐科长来看，所以，我也作为科长的随从去了那里。在

2002年“八一”建军节，成冈睦美在中国驻日本大使馆招待会留影

一个像是原飞机场的讲堂的大建筑物中，临时搭起了舞台，舞台的幕布是用几块毯子缝在一起做成的。演出的节目主要是日本的歌曲、舞蹈之类，记得好像还有取材于电影主题歌《急幌马车》的活报剧。战争结束后我没有进过收容所，据说日本人在收容所里经常唱的《古茂山哀歌》《间岛小唱》等，我是在那次的文艺联欢会上第一次听到。

“冰冷的夜空一颗星，一个战友倒下又一个战友倒下，悔恨满心头独自流泪……”

我想，这些包含着悲哀的曲调充分体现了当时身在外地的日本人的心境吧。最后大家一再请求，山崎队长独唱《拂晓的祈愿》(《暁に祈る》)，美妙的歌声博得了满堂喝彩。这位山崎平时说话的时候带一点日本东北的地方口音，慢声细语的，不像是一位军人类型的人，倒像是一位乡村农家的大叔，头上已经能够看得见白头发。我想，他肯定是把妻子留在国内参军出征的。大声唱着“啊，那面容、那声音……”的时候，山崎队长内心深处该是隐藏着怎样深切、执着的对妻子的怀念啊！据说，后来山崎队长卷入了一次事件，大家的责任一个人担，被枪毙了。

在那之前我一直以为，放开喉咙、大声喊叫、充满豪气的歌就是军歌，但是那天，想到当时山崎的心情，而且想到旧日本军士兵第二天就要开赴战场的时候抱着战友的肩膀一首一首唱军歌时的心情，我不能不感到，对于那些生活在“人生仅仅二十五年”的时代的年轻人来说，军歌就是最悲哀的歌声了吧。

这篇文章提到的山崎的死是一件遗憾的事。问及山崎被处死的原因，成冈睦美并不清楚。他在回信中写道：

> 那件事是我从别人那里听说的。我想与当时延边地方的状况复杂有关。甚至我所在的司令部内，都有人私下里传言，说是八路军有可能退到苏联或者朝鲜去。当时甚至出现了“通化事件”那样的大问题。在敦化，也有国民党特务暗地里频繁活动。听说还有原日本军队的军医在医院的房顶上扯起太阳旗，给国民党的飞机当标记。我个人相信山崎不至于有那类反动行为，也许是什么地方被误解了吧。详细情形完全不了解。

成冈睦美在敦化的警备第二旅当了大约一年半的通讯员。1947 年 9 月，部队开始往关内大移动，他被调到中国人民解放军第十纵队后勤部辎重营营部当通信员。后来工作多有变动，他随军辗转关外关内，最后到湖南，参加湘西剿匪。1953 年，他从部队转业，被送到北京的“人民大学”学习大约四年时间。据说这个“人民大学”并非今天的中国人民大学，校内有日本学员约三百人，哈巴桑与另一位名叫川畑一子的日籍解放军女护士都是在这里学习马克思主义、毛泽东思想。1957 年成冈睦美被分配到郑州，在河南省财政厅税务局当会计。但工作不到一年，1958 年 4 月下旬他回到日本静冈县的老家。那是在他离开家乡整整十五年之后，那一年他三十岁。

回国之后先是在家里帮助父母干农活、养鸡，不久加入了日本共产党。从 1961 年起，他在小田急运输公司当了十年办事员，1972 年进日产汽车公司当电焊工，一干就是十六年，直到 1988 年退休，生活一直十分艰辛。战后日本是个漠视弱者的社会，但成冈一直认为：“那些在战争中受虐而死的人才是最弱的弱者。我没有抱怨的资格。”

1994 年夏天，电视上中国东北的日本残留孤儿回日本寻找亲人的节目又勾起了成冈对往事的回忆，他在 8 月 21 日的地方报纸《岳南朝日》上发表题为《深藏心底四十九年间的事实》的文章，第一次披露了那两个中国农民的被残杀。在他的记忆中那位侥幸逃脱的农民似乎是三人中最年轻的，他觉得那位农民也许还活在世上，无论时间过去多久，无论谈论中日友好的人说出多么漂亮的词句，那位中国农民心中的伤痕是无法痊愈的。后来《产经新闻》的记者来采访他，就是因为他发表了那篇文章。接受《产经新闻》记者采访的时候他又说：“如果我不说出来，那两个中国农民的冤死就会永远埋葬在黑暗中。”

“满蒙开拓义勇队”时代同甘共苦的伙伴中有七十三人死

在了中国，为了纪念他们，成冈从中国带回了七十三块石头。为了悼念两位冤死的中国农民，他从天安门广场附近带回了一把黄土。七十三块石头和包在纸里的那一把黄土，一直供奉在成冈睦美家的佛坛上……

尾声："国籍"暧昧的人们

从京都返回东京是2002年5月22日，一周后的5月30日，我就按计划回到了北京。寻访"日本老八路"的活动就那样结束了。本来还有许多组织和个人值得采访，但未来得及。比如九江会、常德会，都是参加过共产党军队的归国者组织，而且都是和桓仁会一样用中国的地名来命名。这些组织的命名方式成为"中国"进入战后日本的一种方式，其活动则成为宣传中国的活动。所幸，为了搜集日籍解放军官兵们的回忆录，回国前的那一周我通过电话和信函与其中的几位或者他们的亲属取得了联系。

第一位是已经在八年前去世的今村匡平（1921—1994）。他本来是日军军医，被解放军从战俘营征用，变为解放军军医。参加解放军之后他曾经在炮火纷飞的战场上冒死抢救伤员、清点牺牲者的遗体，自己身上沾满了鲜血。我给他的女儿川手敏江写了一封信，很快收到了川手敏江寄来的几本今村回忆录。有翻译成中文的《在红星下》《我与中国》，有日文版的《我青春时代的大陆长征》，还有两张珍贵的旧照片。

今村匡平（中）与战友在一起。左为加藤典二，右为吕竞择（川手敏江提供）

在那个动荡的战争年代，今村匡平也有中村义光、幅敬信曾经有过的那种传奇经历。1948 年 9 月，东北人民解放军包围了长春市，与市内的国民党军队之间隔着一个中间地带。中间地带有许多因为缺粮从城里逃出来的难民，其中夹杂着伪装成难民的国民党特务或解放军侦察员。当时，今村已经担任解放军某团三营卫生所所长，每天持手枪带领卫生班的金班长到难民中去寻找药品和日本技术人员。一天，他在难民中看到了一张似曾相识的中国男人的面孔。那位面黄肌瘦的中国男人也若有所思地看着他，藏在衣服下面的右手紧紧抓着什么东西。今村觉得自己似乎在哈尔滨医科大学读书的时候见过这个人，于是提着手枪站在那里用日语轻声唱起了哈医大校歌。刚唱几句，那人喊了起来：“你是今村吧！我是K！”说着把藏在衣服下面的手枪高高举起来。金班长不知道是怎么回事，冲过去夺下了K的手枪。原来K是中国人，生长在东北，从哈医大毕业，被国民党军队征去当军医。由于受云南籍官兵的排斥，又面临饿死的危险，便冒死从市内逃了出来。他没想到会在难民队伍里遇到穿着解放军军装的哈医大的日本同学。今村打量他的时候，他很紧张，甚至已经准备掏枪射击。今村当即向他说明解放军的政策，消除他对解放军的疑虑，将他带入解放军部队。今村的大女儿和二女儿都出生在江西，所以名字里都有个“江”，一个叫和江，一个叫敏江。敏江婚后改夫姓川手，已经年过半百，住在日本中部的长野县。她在信中说她正在学习汉语。

第二位是川畑一子（1931—　）。她给我寄来了中文和日文两种版本的回忆录。中文版书名为《大江东流》，2000 年由天津社会科学院出版社出版，但印数只有两千册。川畑十六岁在中国东北参加人民自卫军（即后来的东北民主联军、解放军），建国初期也曾和幅敬信、成冈睦美一样被送到北京的"人民大学"学习。1958 年回到日本之后她一直"身在日本，心系中国"，在资本主义社会中保持着解放军时代的优良传统，以"为人民服务"为做人的准则。她在地方小镇努力从事社会公益事业，推广养老金制度，成绩卓著。1984 年荣获日本厚生大臣（相当于中国的民政部部长）的表彰。她周围的日本人，大都会说"为人民服务"这句中国话。因为她说这句话的时候从来都是用中文，而不是用日语的"人民に奉仕する"。

第三位是同样住在长野县的横山甲子藏（1924—　）。他寄来了 1986 年自费印刷的回忆录《流转的青春》。回忆录的环衬用的是南京长江大桥的照片。

第四位是住在远离东京的四国岛上德岛县的冈晴之（1929—　）。他寄来了 1988 年由德岛县地方出版社出版的回忆录《青春万里》。他已经和在四国岛留学的中国留学生一起把这本回忆录译成中文，说是希望这本书能在中国出版、被中国读者阅读。

包括笔者采访的诸位在内的日籍解放军官兵是一个特殊

的“边缘群体”，在中国是，在日本尤其是。他们的人生经历太特殊了。他们是日本人留在“满洲国”的“遗产”，而这份“遗产”被中国共产党的军队继承。在 20 世纪上半叶中日两国的历史关系中，他们的位置游移不定，甚至有些尴尬。由日本人或者日本兵变为“满洲国”的国民，再变为中国共产党军队的一员，为新中国的诞生和建设贡献力量，最后回到日本，恢复“日本国民”身份。不过，恰恰是这个“边缘群体”的特殊历史，诉说着生命个体在历史面前的渺小与无助，展示着 20 世纪东北亚社会的诸多复杂性。在他们身份的巨大转换中，“国家”“民族”等概念都暴露出了某种强制性和虚幻性。

日籍解放军官兵的特殊经历，不仅表现了战后初期中日两国关系的复杂性，也暗示出当时中国内部政治生活的复杂性。他们作为战败国的国民被卷入中国内战，标明了一种“国家”与“民族”之上的价值。与他们命运类似的还有被蒋介石部队征用的日本官兵。1945 年 8 月 15 日日本宣布投降之后，蒋介石为了维护自己的统治，不惜将政治集团的利益置于国家利益和民族利益之上，不准日军向共产党军队投降，甚至在 1945 年年底调动北平的十万日军帮助自己打内战，借已经投降的日军之手屠杀中国人。共产党曾经在 1945 年 12 月 7 日的《新华日报》揭露此事。1949 至 1969 的二十年间，逃到台湾的蒋介石又秘密雇用八十三名日本战犯到台湾，组成“白团”，帮助他训练军队，以期反攻大陆。“白团”的后台是双手沾满中国人民鲜血的冈村宁次，成员甚至包括原侵华日军驻蒙司令官根本博、原侵华日军第二十三军参谋长富田直亮。相关史实中村祐悦的《白团》（芙蓉书房 1995 年 6 月出版）曾予以详细披露。我第一次从该书中看到 1952 年 7 月蒋介石在台北阳明山与众"白团"成员的合影，感到震惊。

与被蒋介石征用的日军官兵不同甚至相反的是，日籍解放军官兵们站在代表人民利益的中国共产党一边，为正义而战，为结束蒋家王朝的反动统治贡献力量。1964 年 7 月 10 日下午，毛泽东在人民大会堂接见日本社会党系统代表团的时候，日方代表佐佐木更三就日本侵华问题道歉，说："今天我们听到毛主席讲了非常宽大为怀的话。过去，日本军国主义侵略中国，给你们带来灾难，我们感到很抱歉。"而毛泽东的回答是："用不着道歉。日本军国主义给中国带来了很大的'利益'。有了他们，中国人民夺取了政权。如果没有日本'皇军'，我们要夺取政权是不可能的。"关于这件事，中国前文化部副部长、当时给毛泽东当日文翻译的刘德有在回忆录《时光之旅——我经历的中日关系》（商务印书馆 1999 年出版）中有明确记载。毫无疑问，毛泽东主席所谓的"皇军"并非指侵略中国的日本军队，而是一种幽默性的表达，应当是指参加了中国人民解放军的日本人，比如中村义光、幅敬信、相原协、柳邦男、今村匡平等人。周恩来总理则直接肯定了这些人的贡献。1956 年 6 月 27 日，周恩来在中南海接见日本友人的时候说："我们很感谢一部分日本人，他们在解放战争时期，作为医生、护士、技术人员参加了解放战争，这些更增强了我们与日本人民缔结友好关系的信心。日本的军国主义确实是残酷的，但是协助我们的日本人民有很多。”这段话见于人民军医出版社 2000 年出版的《第四野战军卫生工作史》。

如周恩来所言，“一部分日本人”对新中国的贡献确实是巨大的。甚至中国人民解放军的空军，在草创时期也是借助“留用”的日军战俘林弥一郎等人的力量。日本教官不仅培养了在抗美援朝战争中击落八架敌机的战斗英雄刘玉堤，甚至培养了同为抗美援朝战争中的战斗英雄、后来担任中国空军司令员的王海上将。王海年轻时开始学习飞行就是在东北航校跟随日本教官（参见日本 NHK 出版社 2003 年 3 月出版的《“留用”的日本人》）。是林彪、彭真、伍修权等人，用超人的政治智慧与宽广的胸怀，把林弥一郎等日本侵略政策的“遗产”转化为新中国军队建设的正能量。

原日籍解放军官兵持日本护照而视中国为“娘家”，或者“身在日本，心系中国”，体现的是一种国籍的暧昧。与国籍的暧昧性相反的，是在特殊的生命历程中形成的鲜明而又坚定的信念——反对战争，服务社会，同情弱者。战争年代共产党人巨大的人格力量和道德感召力，重塑了大部分日籍解放军官兵。这种人格力量和道德精神在日籍解放军官兵身上得到延续，并且通过他们在日本传播。虽然这有可能使他们在日益保守化的日本社会变得更加孤独。

时间进入21世纪，抗日战争、解放战争已经是五十年前的旧事，日籍解放军官兵这个特殊群体也正在远去。我仿佛看到，夕阳西下，暮霭满天，他们苍老的背影在渐渐降临的夜色中一点一点地模糊……

生命不过是记忆的延长，而所有的记忆都将被遗忘。

2002年7月至2003年3月写于寒蝉书房，2015年8月校订

后记：未讲完的故事

十二年前即2003年，这部纪实作品连载于《视界》杂志第九、十、十一辑。《视界》主编为李陀、陈燕谷两位，第一次连载的时候，他们在《卷首语》中用了大半页、七百余字的篇幅推荐这部作品，给予高度评价。这部作品是被编在《视界》的《记忆与反思》专栏，可见编者从一开始就不是仅仅将其作为“故事”来看待，而是希望引申出理论层面的问题。《视界》的发行方式相当前卫，当时已经主动地与网络互动、拥有多家网络合作伙伴，合作伙伴中有北京大学的“北大在线新青年文学大讲堂”，有上海大学中国当代文化研究中心与上海在线网络服务有限公司合建的文化研究网站。所以，这部作品发表之后很快拥有众多读者，并引起反响。据编者说，上海大学甚至曾筹划为这部作品举办研讨会。我作为作者备受鼓舞，决定继续寻访“日本老八路”，把这部作品扩充成一本书、在抗战胜利六十周年的2005年出版。所以，2004年两次去东京，专门安排时间采访了两位资历更深的日本老八路——小林宽澄与前田光繁。

有录音、照片、文字资料，但是，最终却一个字都没有写。未动笔的原因主要有两个。一是身在科研单位，学术活动多、科研任务重，撰写这种“科研成果”范围之外的文字吃力不讨好。二是随着采访的深入，我有了一种跌入历史黑洞的紧张感。这两位的“故事”已经被他们本人或他们的战友讲述，我觉得自己作为研究者面对重大历史问题，需要更多地搜集背景资料，谨慎下笔。于是，就把相关材料装在一个大信封里，与其他“日本老八路”的材料一起搁置起来。2010 年 7 月搬到现在的住处，五年多过去了，终日忙碌，成捆的书刊、资料直到现在也没有整理完毕。日前，为写这篇“后记”，从堆放在书桌前的许多资料中找出那些落满灰尘的大信封，忽然明白了“尘封”一词的另一重含义。封存在落满灰尘的信封里，大概才是真正的“尘封”。

现在，我要打开“尘封”的记忆，将两次采访的见闻感受与读者朋友共享，并对本书中沟胁千年的故事做一点补充。

（一） 八路军“宣传兵”小林宽澄先生

拜访小林宽澄先生是在 2004 年 3 月 24 日。当日日记记有：“富士见台访小林宽澄。3：00—5：30。车站分手时听到细雨中‘ゆうやけこやけ’的旋律。”

小林先生生于 1919 年，当时已经八十五岁。“富士见台”

是东京都练马区的一个街区，意思就是能看到富士山的高台，小林先生家住那里。小林先生不仅欢迎我登门打扰，我离开的时候外面下着小雨，他让我带一把伞走我不带，他又执意打着伞送我到车站。“ゆうやけこやけ”日语汉字写作“夕焼小焼”，汉语当翻译为“小小夕阳”。《小小夕阳》是日本家喻户晓的童谣，歌词主题可以概括为十个字：“太阳落山了，我们回家吧。”旋律则简单、清纯，尽善尽美。我 1979 年开始学日语的时候就跟日语老师学唱这首童谣，十分喜欢。那天傍晚与小林先生分手的时候，大概是车站附近的学校恰好到了放学的时间，所以广播播放钢琴演奏的《小小夕阳》。耳边回响着那纯净悠扬的旋律，看着小林先生远去的背影，我有一种奇异的感觉。

那天的采访收获颇丰。进了小林先生家的客厅，刚一坐下，夫人小林品枝女士就端过来两个盘子。一个盘子里是点心，一个盘子里是拧干的湿毛巾。毛巾折叠得整整齐齐。

“您好！欢迎！”夫人用熟练的汉语打招呼。

我很吃惊，问小林先生，方知夫人也曾在中国参加解放军，是部队医院的护士。参军时间是 1946 年二三月间。原来他们和相原协、相原庆子夫妇一样，也是一对“八路夫妻”。小林先生就其生平回答了我的问题，并且介绍了他和归国战友组织“椰子之实会”（椰子の実会）的情形。该会是一个从中国归国、参加过八路军与新四军的日本人的组织，成立于日中邦交正常化的 1972 年。因“椰子”二字的日语读音与

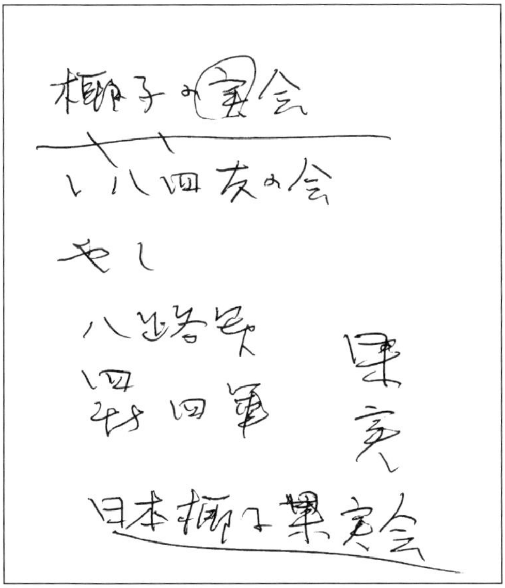

小林宽澄解释“椰子之实会”时在纸片上写的解说

“八四”（从“八路军”“新四军”二词中各取一字）的日语读音相同（やし），而且他们自认为是从八路军、新四军的大树上结出的“果实”，所以将自己的组织命名为“椰子之实会”。小林先生大概是担心我听不明白，一边说一边在小纸片上书写。椰子之实会编有自己的“会报”，名曰《友谊》。小林先生给我看了《终战五十周年特辑》（1996 年 5 月 10 日发行）、《日中邦交正常化二十五周年纪念特辑》（1997 年 11 月吉日发行）。小林先生还让我看他收藏的许多相机，原来他是一位摄影发烧友。他给我看的照片中有我感兴趣的，他便说：“现在就可以照了给你。”那时候他好像就已经在使用数码相机，拍照之后马上就能在家里打印。

采访之后的第三天我返回北京，不久接到小林先生寄来的照片、资料。将这些资料与采访记录结合起来，我大致了解了小林先生的生平。

1919 年，小林先生出生在满善寺（天台宗）的僧侣家庭，寺院在日本本岛中部群马县势多郡大胡町。在日本的侵华战争中，已经成为僧侣的小林宽澄也在 1940 年 1 月应征入伍，成了一名日本兵。入伍地点是宇都宫市（位于东京以北约一百公里处），作为“北支派遣军独立混成旅团第十九大队第二中队”的士兵，被直接编入第十四师团。小林先生入伍之后就被送到中国战场，在他的记忆中，乘坐运兵船在青岛港上岸的时间大概是 1940 年 1 月 21 日。小林先生给我的资料中有半封旧信（他若干年前写给中国战友的）的副本，从信中可知，他

八十五岁的小林宽澄（著者 2004 年 3 月 24 日摄于小林先生府上）

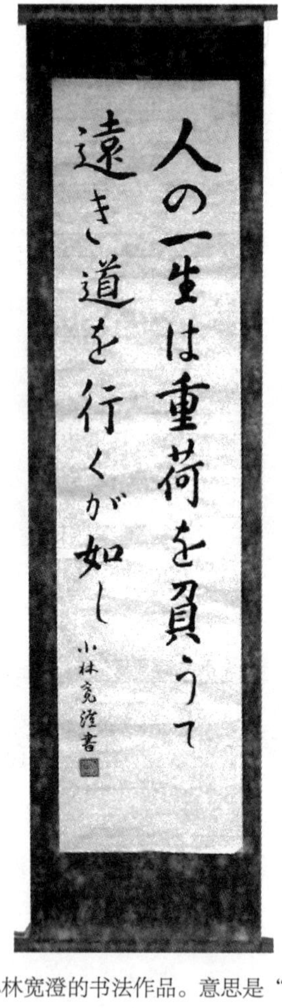

小林宽澄的书法作品。意思是“人的一生如同背负重担行于远道”（小林宽澄提供）

一直清楚地记得当时日军在胶东半岛的部署情况。小林先生所属日军大队（营）的本部在青州，他作为“初年兵”（新兵）在那里被分配到轻机枪班，接受了整整五个月的思想教育与军事训练。6 月 1 日训练结束、被编入作战部队，同时由二等兵晋升为一等兵。他第一次参加战斗是在一年之后的 1941 年 6 月，但第一次上战场就成了八路军的俘虏。小林先生清楚地记得被俘时间是 6 月 20 日中午时分。他被几名八路军战士围住了，八路军战士平静、温和的劝降声让他终生无法忘记——“我们不杀俘虏，优待俘虏。”1996 年，在《愚考错误》（载《友谊・终战五十周年特辑》）一文中，他还用“救命女神的形象”“开放在战场上的美丽的友谊之花”等语言来描述八路军战士劝降时的情景。

关于那场战斗，那半封私信仅有片段的记述，但从中已经可以知道那一仗八路军打得十分漂亮。当时胶东半岛的日军本繁部队第四中队驻扎在牟平县，小林宽澄所属的日军小队（排）分遣队（规模大概相当于一个加强班）被分派到该县的水道集镇。6 月 19 日，分遣队从前一天派出的密探那里得到情报，情报称水道集南侧不远处的解放区午极（小林先生误书为“极午”）有八路军小股部队进驻，那股部队仅两三百人，“十分简陋”（極めて粗末なもの），有些士兵连枪都没有。分遣队队长以为“立大功”的机会来了，得意扬扬，立刻调动大概一个连的伪军和十五名日本兵组成“讨伐队”，连夜出击。20 日凌晨，“讨伐队”到达一个叫作“枣林园”的村庄时，天空阴云密布，眼看着要下雨。奔走一夜的“讨伐队”筋疲力尽，便留下哨兵在村外警戒，大队人马进村吃饭、休息。不一会儿，哨兵突然大声喊叫，说村南丘陵上有两三个人影在晃动……

半封信关于那场战斗的记述从这里直接跳到小林先生的被俘。身为机枪手的小林宽澄被俘，机枪也应当成了八路军的战利品。从黎明时分哨兵发现丘陵上晃动的人影，到中午小林宽澄被俘，半天之中八路军的攻击一定十分巧妙、有效。日军密探得到的“情报”应当是八路军诱敌深入的诱饵，“讨伐队”显然进了八路军的伏击圈。

小林宽澄被俘之后，经过教育参加八路军，成了一名“宣传兵”——对日本官兵做反战宣传。1941 年 9 月 18 日即“九一八”事变十周年这一天，他参与发起了“觉醒联盟”胶东支部，担任宣传委员，并制作了第一号反战传单。身为“宣传兵”，他不仅要用日语写标语、编印宣传材料，还要到前线或日军碉堡附近对日军喊话，揭露日本军国主义的罪恶，动摇日军军心、劝日军投降。在当时的战争状况下，这种来自八路军阵营的日语宣传十分重要，能够给日军造成巨大心理冲击，涣散其斗志，瓦解其战斗力。一个小林宽澄的战斗力，大概抵得上一个排、一个连的士兵。在 1944 年 11 月下旬莒县战役的攻坚阶段，他奉命冒着炮火进入前沿阵地，以断壁残垣为掩体，举着自制的铁皮喇叭筒对日军大声疾呼：

> 各位！仔细听着！我是日本人民解放联盟的小林宽澄！你们被包围了！你们被包围了！不要再抵抗！不要再抵抗！你们是日本军国主义的牺牲品！你们是侵略者！投降吧！投降吧！八路军优待俘虏！八路军优待俘虏！参加八路军，就是国际友人！我们很多日本战友，在八路军队伍中，为自己的理想战斗！你们投降吧！投降吧……

他按照一定的时间间隔，每次喊话大约三十分钟。连续喊了三天，嗓子哑了，喉咙肿了。与往常喊话不同的是，这一次日军没有向他所在的位置开枪射击，也没有回骂。初冬季节，寒气袭人，在硝烟弥漫的战场上，小林宽澄凄厉的喊叫声一定留在了许多日军官兵的记忆深处。

不言而喻，到火线喊话十分危险，随时可能丢掉性命。据前田光繁的一篇文章，1945 年 5 月中旬，隶属于八路军一二九师的两位日籍战士，就是在战场上喊话时被日军打死。两位都是在华日本人反战同盟太行支部的成员，一位名叫砂原利男，日本三重县人，一位名叫住野甚七，日本岩手县人。他们牺牲之后，所在部队为他们举行了隆重的追悼会，半个世纪之后，他们的名字又被刻在延安宝塔山下的一座纪念碑上。

与砂原、住野相比，小林宽澄先生十分幸运。他在枪林弹雨中活了下来，参加在华日本人反战同盟山东地区协议会，担任执行委员，1943 年夏至 1944 年秋，曾先后担任反战同盟鲁中支部部长、滨海支部部长。山东军区政治部主任舒同、华东军区政治部联络部部长刘贯一都曾领导过小林先生。解放后舒同曾任山东省委书记、刘贯一曾任山西省副省长。抗日战争结束后，小林先生参加了中国的解放战争，接着参加新中国建设，还加入了中国共产党。他在中国结婚生子，直到 1956 年才返回日本。回到日本之后凭熟练的汉语做翻译工作，并且长期批判日本的侵略历史。

对于当年一起在中国与日本侵略者战斗过的日本同志，小林先生怀有深厚的感情。他不仅参与组织“椰子之实会”，并且一直搜集在中国并肩战斗过的日本同志的资料。他给我的资料中，有一份两页纸的已故日本人反战同盟成员的名单。名单上的四十八人中，抗日战争中在华北、华中地区死亡者二十二名，其中十五名（包括砂原利男和住野甚七）是牺牲在战场上或者被日军抓获后处死。无疑，这二十二人中每个人的历史都是一部艰苦卓绝的传奇。

2004 年 3 月 24 日在富士见台与小林宽澄先生分手之后，再次看到他是十一年之后（2015 年）在电视和报纸上。在今年 8 月 30 日晚上中央电视台四频道播出的专题节目《东方主战场》中，我看到了记者在东京采访小林先生的镜头。9 月 2 日中午，在《北京青年报》上看到了整版报道《小林宽澄：从未忘记自己曾是八路军》，知道他的夫人小林品枝女士已经去世。当天晚上，又在 7 点的《新闻联播》中看到他。《新闻联播》报道了习近平总书记在人民大会堂颁发抗战胜利七十周年纪念章的情形，三十名荣获纪念章的抗战功臣或其代表中，小林先生是唯一的日本人。十一年过去，小林先生已经是九十六岁高龄，还有体力乘飞机来北京，思路、语言依然那样清晰。

（二） 住廉租房的前田光繁先生

在日籍八路军官兵中，前田光繁先生大概是资历最老、职位最高的。他生于 1916 年，1937 年二十一岁的时候来到中国，成为“满铁”的职员。1938 年 7 月 25 日被八路军一二九师游击队抓获的时候，他并非日本兵，而是日军控制的铁路线上的一名监工。被俘之后接受思想教育、看清了日本军国主义的本质，1939 年 1 月他在山西参加了八路军。入伍大会上，朱德总司令热情地与他握手、祝贺他，欢迎他成为中国人民军队的一员。当年 11 月 7 日，在朱总司令的指导下，他与高木敏雄、小林武夫三位日籍八路军士兵一起在山西辽县（1942 年改称“左权县”）成立了“觉醒联盟”（めざまし連盟），该联盟就是“在华日本人反战同盟”的前身。1942 年年初前田先生到达延安，担任日本劳农学校的政治干事。据小林宽澄先生提供的资料，1937 至 1945 年间被八路军俘获的约两千五百名日本兵（其中一百一十五人为主动投降）当中，

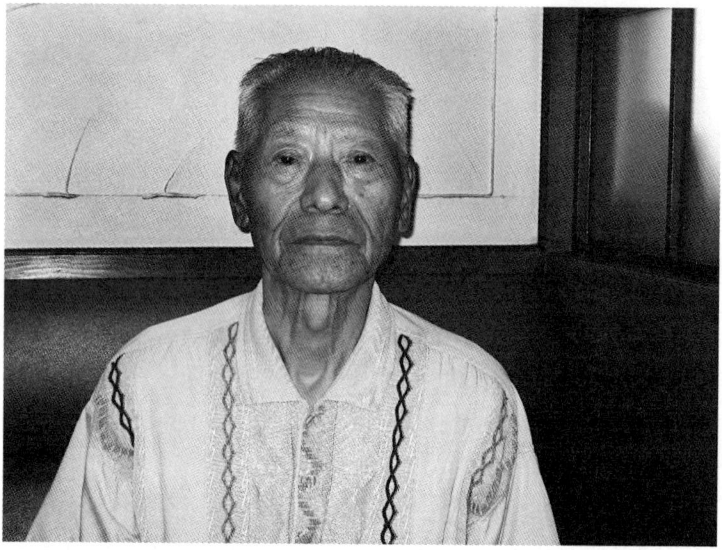

八十八岁的前田光繁先生（著者 2004 年 7 月 30 日摄于东京赤坂）

三百余人曾在延安日本劳农学校接受过教育。在延安前田先生用的是假名字“杉本一夫”。抗战结束后他又率领日本劳农学校的师生奔赴东北，在锦州的东北航空学校（中国空军的摇篮）担任日工科科长等重要职务。到 1958 年返回日本为止，他在中国生活了二十一年，其中二十年是为中国人民的抗日战争和新中国的军队建设做贡献。相关情形可以参考前田先生本人与战友香川孝志合著的《八路军的日本兵》一书（1984 年出版），小林阳吉先生在今年 8 月 25 日《光明日报》上发表的长文《前田光繁：最早的“日本八路”》也有介绍。

在我采访小林宽澄、前田光繁两位先生的过程中，小林阳吉先生给予了很大帮助。阳吉先生的父亲小林清先生，与小林宽澄、前田光繁两位一样都是日籍八路军，不同的是小林清没有返回日本，而是留在中国工作，最后在中国去世。北京八宝山革命公墓里有他的墓。阳吉先生在中国长大，成年之后才回到日本。因为出身的关系，他一直关心共产党军队中的日籍官兵问题，搜集了很多资料。我是何时、何种情况下与阳吉先生相识，现在已经想不起来，只记得他当时是在朝日奖学财团工作，高高瘦瘦，文质彬彬，似乎有些忧郁，待人热情，做事十分认真。小林宽澄先生提供的某些材料是他代寄的，我采访前田光繁先生也是他帮助联系的。

关于对前田先生的采访，我 2004 年 7 月 30 日的日记中记有：“3 时许至赤坂，于アンナミラーズ采访前田光繁。小林阳吉赠笔、手表。以茶叶两筒分赠之。”“アンナミラーズ”

前田光繁先生（前排右一）与日籍八路军战士在延安日本劳农学校。约 1943 年（小林阳吉提供）

（Anna Miller’s）是东京赤坂的一家咖啡店的名称。

拜访前田光繁先生之前，我已经向阳吉先生了解前田先生的基本情况，为采访做准备。阳吉先生介绍的情况中，我印象最深的是前田先生的贫困。前田先生在中国的特殊经历，使他很难被日本社会接受。他 1958 年回国之后找不到工作、只能靠打短工维持生活，而且长期受到日本政府的监视。因此生活贫困，八十岁了还在打短工、烧锅炉。这让我这个中国公民感到不安、感到羞愧。我 4 月 14 日给阳吉先生的信（我留了复印件）中有这样一段话：

> 向前田光繁先生问好！他现在身体状况、生活状态怎样？我有些担心。如果生活有困难，应当向大陆有关部门呼吁解决。绝不能忘记这些为新中国做出很大贡献的日本人！

7 月底到东京之后，我想和采访小林宽澄先生一样登门拜访前田先生，看看他的生活状态，但前田先生说房子太小、家中太乱，谢绝了。我能理解老人家的心情。日本人很讲礼貌，有客人登门，会把家里收拾得干干净净、整整齐齐，以示尊重。这对于当时已经八十八岁的前田先生来说比较困难。见面是在他家附近的咖啡店，但见面之前我按照已知的地址到他住的那座楼看了看。那是东京都经营的廉租房，低收入阶层住的，应当是 20 世纪 70 年代的建筑。好在位置尚佳，生活不会不方便。

前田光繁先生（后排右二）与日籍八路军战士在延安宝塔山下。约 1943 年（小林阳吉提供）

采访前田先生的详细内容我已经不记得，需要找出当时的录音磁带听一听才能知道。不过，前田先生的风骨、对待中国的态度给我留下了深刻印象。他经历了那么多，已经年近九十，依然腰板挺直、面色红润、气宇轩昂。对于新中国，他怀着深厚的感情。《友谊·终战五十周年特辑》中有他 1995 年 8 月访问中国返回日本之后写的一篇《访中杂感》，文中不仅有对中国道路的思索，还有对中国人的告诫。他写道：

> 现在，中国在前人未曾走过的社会主义建设大道上迈进。解放战争胜利后、开始走上社会主义国家建设道路之初，曾经力图吸取苏联经验，但很快就知道那条路走不通，而且，从某一时期的平均主义经济政策损害了大多数群众的劳动积极性这一弊端中吸取了教训，所以，基于实事求是的精神，基于中国的国情，很快选择了新的道路。这是一条探索之路，因此容易出现失误、难免走不必要的弯路。但是，我相信，灵活运用从前的经验，不会再犯无法挽回的错误。物质文明、精神文明的提倡是十分高明的，不过，稍有疏忽或者稍有偷懒，精神文明的车轮就会放缓，个人主义就会横行，就会漠视贪污腐败、享乐主义、拜金主义的蔓延，这有动摇社会主义中国之基础的可能。毛泽东主席曾经说过，“要警惕糖衣炮弹”。这种警告是严厉的，但现在依然有效。

这是真正的老共产党人的情怀。

日前读到《光明日报》上小林阳吉先生的那篇文章，得知前田先生健在，已经九十九岁高龄，倍感欣慰。仁者寿。前田光繁先生是如此，小林宽澄先生也是如此。他们的人生道路那样崎岖，健康长寿是上天给他们的奖赏。不过，从阳吉先生的文章我也知道，前田先生已经从东京搬到关西神户的养老院，而去神户养老是因为在东京付不起养老院的费用。这让我感到遗憾。如果前田先生不是日本人，那么凭他的资历，建国后应当是级别相当高的干部，会享受最好的医疗服务。但是，他回到了日本，在中国的辉煌历史成了负资产，他只能生活在社会底层，连东京养老院的费用都付不起。

从电脑中找出十一年前采访时拍摄的照片，从照片上看到了前田先生，也看到了那幢公寓楼，于是有了一种“人去楼空”之感。

（三） 沟胁千年的归宿

在《视界》杂志上连载的《寻访“日本老八路”》中，沟胁千年的故事并不完整。一是“沟胁千年的革命生死恋”一章要和其他各章保持相近的长度，篇幅有限，一些事情写不进去，二是那一章写完之后，我与沟胁还有联系。相关事项这里略做补充。

据沟胁女士的来信，她的中国恋人杜江群本姓“庹”（与“妥”同音），名“邨堡”，“杜江群”是他参加解放军之后随军下江南时取的笔名，包含着“下江南”“群像”的意思。这个笔名流露出杜江群的诗人气质，事实上他也确实写诗。沟胁寄来的资料中有他的一首《怀念——献给沟胁同志》，长达一百一十九行，诗歌结尾处写着“1953.10.28，于羊楼洞医院／杜邨堡赠”。从这首诗看，杜江群豪情满怀，对季节有敏锐的感受力。诗中有这样的句子：

秋风吹来了羊楼洞的茶花香
我轻轻折下一朵茶花
投向天空
去吧
把怀念带给生活在襄河岸边的姑娘
告诉她啊
在寂静的病房里……

诗中还写到鲁迅与瞿秋白，曰：

伟大的鲁迅、瞿秋白
他们都是疾病战场上的健将
他们的刚毅坚强的意志
也是我们斗争中最好的榜样

另外，沟胁还手写了杜江群怀着乐观主义精神与疾病斗争的诗句：

休养是我的职业
病床是柔软的沙发
咳嗽是美妙的歌声
发烧是母亲的温暖

可见这四句诗一直存在于沟胁的记忆中。

杜江群 1956 年 6 月 3 日病逝，恰巧在这一天，沟胁千年从京都给他寄去了一封信、一张穿和服的照片。汉口结核病医院的几位护理过杜江群的护士接到信和照片，只好上交医院党委。党委讨论之后决定暂时保存，以后找机会交还沟胁。“文革”开始后党委受冲击，党委书记曾一度冒险将信和照片装在大衣口袋里，随身保管。后来医院从汉口搬到武昌，信和照片也没有丢失。1987 年信和照片被交还到沟胁手里的时候，是和便笺纸一起装在医院的药品袋里。那已经是信和照片寄到中国三十余年之后，那位伟大的党委书记也已离开人世。

2003 年 4 月，沟胁女士给我寄来了一大包旧信，配合我撰写《寻访“日本老八路”》中的沟胁一章。信封是杏黄色的，内衬是防水的泡沫塑料。那明快的杏黄色使我想起在京都见到沟胁时她穿的杏黄色上衣。旧信共二十一封，其中杜江群的

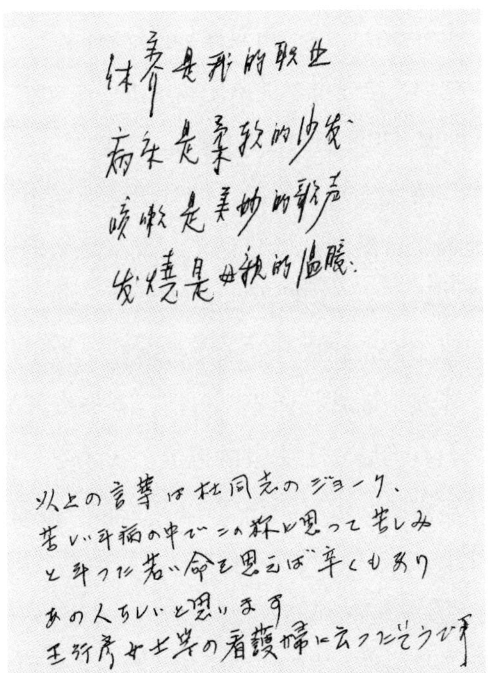

休养是我的职业
病床是柔软的沙发
咳嗽是美妙的歌声
发烧是母亲的温暖

以上の言葉は杜同志のジョーク、
苦しい斗病の中でこの様に思って苦しみ
と斗った若い命を思えば辛くもあり
あの人らしいと思います
王行秀女士[illegible]の看護婦に云ったそうです

2002 年沟胁千年在给本书著者的信中抄写杜江群诗句并做说明

十一封（一封为病重时护士代写），杜江群妹妹庹友生的七封，杜江群友人的三封。沟胁女士在给我的信中说，那些信是她的“宝贝”、是她“一生的伤痛”，她年纪大了，即将离开京都回九州岛天草的故乡养老。她的信任让我感动，但那些信太珍贵了。所以，我留了复印件，用双挂号把信寄回去了。她还说她京都的事情全部交给一位名叫欧阳蔚怡的中国女士（好像是在日本留学）处理，但我后来没与欧阳联系过。

我以为沟胁女士是按照自己的意愿远离城市的喧嚣、在天草安静地养老，渐渐把她忘记了。天草是个偏远、流传着许多传说的岛屿，适合沟胁女士安度晚年。2001 年初夏我曾偕妻子去那里旅游，还在开往天草的渡轮上拍了几张晚霞辉映的照片，晚霞下面就是天草。日前，本书责任编辑郝建良兄告诉我网上有沟胁女士去世的报道，我大吃一惊。急忙上网一查，方知沟胁女士已经在 2012 年去世，遵照她的遗愿，2014 年她的骨灰被送到武汉安葬在杜江群的墓穴里。

这叫作“生未同衾死同穴”！

1945 年 3 月，十六岁的沟胁千年孤身一人来到“满洲国”，六十九年的沧桑巨变之后，她又以这种悲壮的方式回到中国，把骨灰埋入中国的土地。她在临近生命终点的时候对死亡应当没有恐惧，因为她渴望在天国与分别五十六年的杜江群重逢、永不分离。

回想起来，2002 年 5 月 21 日在京都的温泉旅馆天山庄吃早餐的时候与沟胁女士交谈之后，我就再也没有见过她。

（四） 历史的偶然性与相对性

在近代以来的日本历史与中国历史上，日籍解放军官兵是个小群体。但尽管如此，我们面对历史的时候却无法忽视他们。应当受到关注的不仅是国家、民族的大历史，还应当包括大历史中的每一个生命个体。即使是十亿分之一的历史偶然性，对于那种偶然性的承担者来说也是百分之百的人生。更重要的是，对于历史过程中生命个体或小群体的关注，有助于我们更深入、更全面地理解历史、理解人生。从本书写及的那些“八一五”之后在东北参加解放军的日本人身上，我理解了东北地区“国家”转换期的复杂历史以及这种历史对不同生命个体的影响。相关问题我已经在《民间写作与历史叙述》一文中论述过，这里不再重复。文章发表于香港中文大学《二十一世纪》双月刊 2003 年 8 月号，后收入《茫然草——日本人文风景》（三联书店 2009 年版），有兴趣的读者朋友可以参考。而从前田光繁、小林宽澄的故事中，我得以重新理解近代以来中国革命的国际主义性质。延安是革命圣地，而这革命圣地上存在着日本劳农学校，存在着作为共产国际代表、组织日本人反战同盟的野坂参三（1892—1993），即存在着另一种意义上的“日本”。野坂在 1922 年日共成立时就加入共产党，1931 年作为共产国际的日本代表到苏联，后来在延安组织反战同盟，在延安用的名字是“冈野进”。直到抗战胜利后的1946年，野坂才返回日本。1944年，日本劳农学校组织演出反战话剧《岛田上等兵》，毛泽东等中共领导人在公演初日亲自前往观看。在1945年的中共七大上，毛泽东与野坂参三交谈，担任翻译的是后期创造社骨干、时任延安日本劳农学校副校长的李初梨（1900—1994）。我们只有意识到存在于延安的“日本”，才能真正理解毛泽东所谓“日本军国主义给中国带来了很大的‘利益’”。在很大程度上，中国的现代化过程是起源于对日本帝国主义入侵的抵抗。日籍解放军官兵是现代中国革命的组成部分，回到日本之后，又成为日本战后民主主义思想的重要资源。

十二年前，这部纪实作品开始在《视界》上连载的时候，编者在《卷首语》中说：“我们感谢董炳月做了一件有益的事情，也很高兴能够通过《视界》让更多的中国人了解这些为中国人民的解放事业默默工作的日本人。我们怀着感激之情发表这篇叙述他们的独特经历的文字。”那让我感到欣慰。现在，在抗战胜利七十周年的这一年，这部作品由生活书店出版，我不仅感到欣慰并且感到光荣。感谢郑勇兄的决断！感谢建良兄为本书的出版付出的辛劳！

十多年过去，我与本书的主人公们已经失去联系。三年前芦川北平先生来北京，告诉我柳邦男先生去世了。这次因本书出版，我给主人公中相对年轻的两位写了信，但一直没有回

1944年，日本劳农学校的学生在延安表演反战话剧《岛田上等兵》（小林阳吉提供）

音。我想，也许不联系更好吧。有些信大概只有寄往天国，但没有往返于人世与天国的邮差。自然规律无法抗拒，一切生命皆有终点。能够像前田光繁、小林宽澄两位那样长寿的人，毕竟是凤毛麟角。相逢即有缘，感谢上帝！我能够在他们的暮年走近他们，已经很幸运。让一切平静地过去……

董炳月

2015 年 9 月 16 日记于北京茶叶城